KB170136

엄마는 혼자 있고 싶다

엄마는
혼자
있고 싶다

한고운 지음

강한별

목차

프롤로그

엄마로 산다는 것은, 결코 쉽지 않은 일이다.
물론 행복하고 보람된 순간이 더 많지만 막상 엄마가 되고 나니
점점 '나'를 잃어가며 우울해지기도 한다.

아이를 키우며 삶은 이전과 완전히 다르게 변한다.
어쩔 수 없이 커리어를 포기해야 하는 상황을 만나기도 하고,
가정과 육아를 정신없이 병행하며 분주함과 죄책감에 시달리기도
한다.

이전에는 철저하게 '나' 위주로 살았다면,
결혼과 출산을 거치며 '가정'과 '아이' 중심으로 모든 게 바뀐다.
그때 엄마들은 참 많은 것을 포기하게 된다.

어느 순간 정신을 차려 보면 정작 '나'는 없다.
자연히 마음이 공허해지고 우울한 감정이 든다.
때로는 깊은 무기력감에 빠지기도 한다.

만사를 제쳐 놓고 오롯이 혼자 있고 싶지만
엄마에게 그게 어디 쉬운 일인가?
아무리 힘들고 쉬고 싶어도 돌봐야 할 아이가 있고,
신경 써야 할 살림이 수두룩하다.
엄마가 마주하는 매일의 현실은 녹록지 않다.

그래도 지금까지 엄마로 치열하게 살아내느라 애썼다.
그동안 엄마 노릇을 잘 감당해 왔고, 앞으로도 잘해낼 것이라
믿는다.
몸도 마음도 지친 엄마들에게 위로와 격려를 보낸다.
슬럼프를 만났을 때 자책하지 않았으면 좋겠다.
엄마로서 멋지게 성장할 수 있는 기회로 삼아
자신을 더욱 알아가고, 내면이 단단해지는 시간이 되기를 진심
으로 응원한다.

1장

기나긴 슬럼프의 습격

무기력감이 끝이 보이지 않고, 자존감이 바닥을 칠 때

원인도 해결책도 찾을 수 없었던 고질병

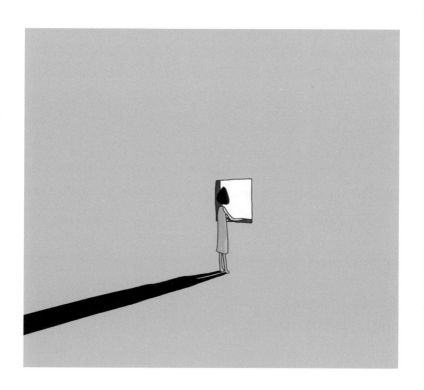

평탄하던 일상이 어느 순간 흑백사진처럼 생기를 잃어버렸다. 전혀 예상치 못한 순간에 슬럼프가 찾아온 것이다. 온화한 봄 같은 날씨에 갑자기 때도 아닌 긴 장마를 만난 기분이랄까? 특별한 사건이 있던 것도 아니고, 결정적인 이유가 있던 것은 더더욱 아니다. 그냥 어느 순간부터 나의 감정이 내 마음대로 움직여지지 않았다. 원체 외향적이고 적극적인 성격이었기에 이런 나의 변화를 인정하고 받아들이기 싫었다. 이따위 시련 쯤이야 나의 의지로 금방 극복할 수 있을 거라고, 이제 곧 끝날 거라고 착각했다. 이런 나를 비웃기라도 하는 듯 무기력한 상태와 우울한 감정은 날로 심해졌고, 도저히 끝날 기미가 보이지 않았다. 권태감, 의기소침, 의욕저하와 같은 단어는 적어도 나에게는 전혀 해당사항 없는 일이라고 생각했다.

원래의 나는 새벽같이 일어나 신나게 빵을 굽는다거나, 밤 늦게까지 각종 문서 작업에 몰두하는 등 누가 봐도 에너지가 넘치는 사람이었기 때문이다. 주방에서 각종 음식을 척척 만드는 데 자신 있었고 남편 도시락에 아이들 간식까지 살뜰하게 챙겼다. 휴일이면 가족들과 공원, 박물관, 맛집 등 쉴 틈 없이 돌아다녔다. 언제나 남들보다 몇 배 부지런히 하루를 꽉 채워서 보냈다. 살림도, 육아도, 여가를 보내는 일에도 늘 열정이 넘쳤다. 주변에서 이런 나를 보고 '슈퍼우먼'이라고 불렀다. 그래서 우울하거나 무기력한 감정이 그저 남의 일인 줄로만 알았다.

하지만 슬럼프를 마주하며 언젠가부터 낯선 모습의 내가 보이기 시작했다. 무엇을 하든 수동적이고 감정도 감각도 무뎌졌다. 생기를 잃어버린 채로 지내는 나날이 지속되었다. 뭔가를 한다는 것 자체가 망설여지고 심지어 겁이 나기도 했다. 시간이 생겨도 뭘 해야 할지 모르겠고, 사람들을 만나는 것도 영 내키지 않았다. 심장이 뛰고 뭔가에 설레 본 지가 언제인지 까마득했다. 내가 어떤 꿈을 가지고 있었는지, 무얼 잘했었는지 기억조차 나지 않았다.

하루, 이틀, 일주일, 한 달, 두 달…. 이러다가 괜찮아지겠지, 언젠가는 끝나겠지 싶어 크게 신경 쓰지 않았다. 그러다가 거의 1년이 흘렀다. 도저히 끝이 보이지 않았다. 영영 이렇게 무기력한 상태로 살아가야 하는 건가 싶은 마음에 서글퍼지기도 하고, 한편으로는 두려웠다.

눈을 뜨면 하고 싶은 것이 너무 많아 우선순위를 정해서 처리해야 할 것도, 배우고 싶은 것들도, 읽고 싶은 책도 한 둘이 아니었는데…. 모든 게 멈춰 버린 느낌이었다. 평소에 그렇게도 좋아하던 감미로운 음악이 마치 소음처럼 무감각하게 느껴졌다. 음악을 들으며 아무런 감정이 느껴지지 않았을 때 그야말로 충격적이었다.

　결국 식욕도 점점 잃어갔다. 평소에 요리를 좋아하고, 여행을 가도 맛집 위주로 동선을 짜는 게 당연했던 나에게 상상할 수 없는 일이었다. 어떤 음식을 먹어도 아무런 감동이 없었고, 밋밋하게 느껴졌다.

그러다 꽃피는 봄이 왔다. 아이들과 놀이터에 갔을 때 예쁘게 핀 벚꽃을 보고 서글픈 마음을 주체할 수 없었다. 주책스럽게도 눈물이 줄줄 흘렀다. 이런 내 모습이 나조차 당황스러웠다.

질퍽질퍽한 늪에서 아무리 허우적거려도 탈출하기는 커녕 더욱 빠져드는 기분이었다. 점점 나락으로 떨어지는 것 같았다. 웃음도 잃어가고, 분노할 기운도 없었다. 감정 불구, 감정 장애, 바보가 되는 기분이었다.

누구보다 에너지 넘치는 사람이라 자부했건만 어느새 생전 처음 느껴 보는 무기력감에 정신을 차릴 수 없었다. 삶에 대한 의욕도, 희망도 없이 그저 아이들 때문에 억지로 근근이 버티는 삶이 계속되었다.

'무엇이 문제일까?'
'언제부터 잘못된 거지?'

수 차례 자문해 봐도 딱히 명확한 원인도, 해결책도 찾을 수 없었다. 그래서 더 답답했다.

결혼 14년차, 건강한 자녀들이 곁에 있고, 집-회사-가정-교회밖에 모르는 성실한 남편도 있다. 그리고 집도 있고, 차도 있다. 객관적으로 봤을 때 이 정도면 큰 부족함 없는 비교적 안정적인 형편이다. 게다가 양가 부모님과도, 형제자매들과도 별문제 없이 잘 지내고 있다.

대체 뭐가 부족해서 이러는 건지, 배부른 투정을 부리는 건 아닌지 자책감이 들었다. 큰 결핍 없는 평탄한 환경이라는 사실이 나를 더 힘들게 했다. 현재 나의 상태를 더더욱 인정하기 싫었고, 스스로 용납되지 않았다.

답답했다.
화가 났다.
자존심이 상했다.

그리고 이 삶을 벗어나고 싶었다.

족쇄처럼 나를 옭아매고 있는 이 우울감을 떨쳐버리고
긴 무기력감의 터널에서 빠져나오고 싶었다.

혹시 말로만 듣던 심각한 우울증인가 싶어 진단 기준을 찾아
보고 자가 테스트도 해봤다. 분명 우울증 증상은 관찰되었지만
그렇다고 심한 우울증 상태는 아니었다. 지속되는 우울한 기분,
흥미 저하, 체중 변화, 피로감 등은 오랫동안 나타난 증상이긴
했지만 다행히도 죽음에 대한 생각이나 자살 시도는 전혀 해당
되지 않았다. 중증의 우울증은 아니었기에 심리치료나 항우울
제 투여 같은 의학적인 도움을 받아야 할 정도는 아니었다. 한
편으로는 다행이기도 했다. 하지만 우울한 감정과 관련된 증상
들이 오랫동안 나를 괴롭히고 있고 일상에 계속해서 영향을 주
고 있었다. 분명 현재 상태가 정상은 아니라고 결론을 내렸다.

나의 상태를 객관적으로 파악하고 나니 오히려 더 막막해졌다. 문제는 분명 있는데 구체적인 해결 방법을 찾을 수 없으니 말이다. 몸도 마음도 지칠 대로 지쳐갔다. '평생 이렇게 무기력하게 살면 어쩌지'라는 생각에 조바심도 났다. 아무래도 이대로는 안 되겠다 싶었다. 삶을 변화시켜야 한다는 간절함이 생겼다. 결단이 필요했다. 뭐라도 해야겠다 싶었다. 그때부터 우울감과 무기력감을 벗어나기 위해 죽을힘을 다해 발버둥치기 시작했다.

심리학, 철학, 뇌 과학, 인문학, 육아서 등등 다양한 분야의 책을 닥치는 대로 읽었다. 유명하다는 강사들의 강연도 틈날 때마다 듣고 또 들었다. 하지만 이런 노력에 비해 실망스럽게도 나의 상태는 여전했다. 내가 원하는 명확하고 구체적인 답은 그 어디에서도 찾을 수 없었다.

의욕적이던 모습은 온데간데없이 사라지고 어느 순간 자포자기의 상태가 되었다. 아무리 애를 써봤자 내 상태는 제자리였다. 정답이 없는 문제를 풀어 보려고 쓸데없이 힘을 다 뺀 기분이랄까.

'답도 없는 이 고질병, 마음이라도 편히 가져 보자'는 생각에 그동안 나를 괴롭히던 갖은 자책감, 억울함, 괴로움 등의 감정을 다 내려놓았다. 내가 나를 다독여 주고, 인정해 주니 의외로 마음이 조금씩 편해졌다. 움츠러든 몸과 마음을 간신히 일으켜 억지로 산책을 하기 시작했다. 햇살을 느끼며 걷고 또 걸었다. 따릉이를 타고 한강공원을 달렸다. 이렇게 조금씩 신체활동을 늘려 갔다.

그동안 방치했던 불편한 증상들을 병원에 가서 진료를 받고 적극적으로 치료하기 시작했다. 일찍 잠들고 일찍 일어나기 시작했다. 그토록 애정하던 커피를 큰맘 먹고 완전히 끊었다. 건강이 점차 회복되면서 왠지 모를 자신감이 생겼다. 마음에 한 줄기 빛이 드는 기분이었다.

끝이 없어 보이던 기나긴 우울감과 무기력감이 어느새 조금씩 사라지고 있었다. 이 모든 것이 한순간 눈에 띄게 일어난 변화가 아닌 아주 천천히 아주 조금씩 생긴 변화였다.

그리고 감격스럽게도 그토록 바라던 '에너지 넘치는 예전의 나'로 돌아오고 있었다. 다시 듣고 싶은 음악이 생기고, 먹고 싶은 음식이 떠올랐다. 관심 분야가 생기고 만나고 싶은 사람들의 얼굴이 자꾸 떠올랐다. 한없이 낮아진 자존감도 점차 회복되었다. 아침에 눈을 떴을 때 정말 오랜만에 설렘을 느꼈다. 자연의 아름다움, 계절의 변화에 조금씩 마음이 반응하고 움직이고 감탄하기 시작했다. 드디어 긴 슬럼프가 끝나고, 삶이 제자리로 돌아오고 있었다.

돌이켜보면 심리적으로 바닥을 찍는 경험은 참 소중했다. 내면을 점검하고 단단하게 해주는 밑거름이 되었고, 예전보다 훨씬 견고해진 나를 발견할 수 있었기 때문이다. 물론 이대로 끝이 아닌 여전히 현재 진행 중이기는 하다. 하지만 한 가지 확실한 것은 다시 슬럼프가 찾아온다 한들, 이제는 두렵지 않다. 잠시 방황할 수 있겠지만, 언젠가는 나다운 원래 모습으로 돌아올 것이라는 믿음이 생겼기 때문이다.

삶이 회복될 수 있었던 방법은 거창하지 않다. 오히려 평범하고 소소한 것들이다. 지금에라도 즉시 실천 가능한 현실적인 방법이라는 말이다.

문제 해결을 위해 그토록 기대심을 갖고 독파했던 여러 책에서 제시하는 해결책은 대부분 뜬구름 잡는 소리로 들렸고, 지나치게 포괄적인 편이었다(물론 도움을 받은 면도 있기에 독서가 전혀 소용없던 것은 아니다.). 하지만 가장 큰 문제는 '엄마'라는 위치에서 뭔가를 해 보기에 와닿지 않는 내용이 대부분이었다는 것이다.

'늦더라도 하고 싶은 것을 선택해서 시작하라', '당장 여행을 떠나라' 등의 제시된 보편적인 해결책을 당장 적용하기에는, 엄마인 나에게 전혀 현실성 없었다. 오히려 사치로만 느껴졌다. 만약 20대 미혼의 상태였다면 반응은 전혀 달랐을 테지만. 어쨌거나 괴리감이 드는 책 내용에 실망감만 더 커졌다. 그래서 엄마의 상황에 맞게, 마치 친근한 이웃 언니처럼 쉽게 이야기해 주는 책이 한 권쯤은 있을 필요가 있겠다 싶었다.

슬럼프의 한가운데 있을 때는 그 이유도, 원인도 찾을 수 없어서 답답했다. 하지만 이제 그 기나긴 슬럼프에서 빠져나오고, 한 걸음 물러서서 보니 조금은 왜 그랬는지 알 것 같다. 객관적으로도, 주관적으로도 나름의 사정이 있었음을 이제야 깨닫는다. 그래서 엄마들에게 왜 그렇게도 우울감과 무기력감이 지속되는지 알려주고 싶다. 그리고 따뜻하게 위로해 주고 싶다. 나의 경험이 동일한 어려움을 겪고 있는 다른 엄마들에게 손을 뻗어 도울 수 있기를 바라 본다.

2장

엄마의 상태 점검

나는 왜 우울하고 무기력한가?

'엄마의 사춘기'를 대처하는 자세

우울감과 무기력감, 그 원인은 과연 무엇일까? 최대한 단순하게 생각해 보자면 크게 외부적인 요인과 내부적인 요인으로 볼 수 있다. 먼저 외부적인 요인을 살펴보면 사회적, 경제적, 환경적, 법적, 기술적 환경 등이 해당된다. 쉽게 말하자면 내가 아무리 애를 쓴다 하더라도 당장 바꾸기 어려운 것들, 그러니까 내 능력으로 해결할 수 있는 문제가 아닌 것들이다.

미세먼지, 코로나19와 같은 전염병으로 외출조차 꺼려지는 일상을 살아가고 있는 게 요즘 실정이다. 이뿐이 아니다. 입시와 경쟁 위주의 교육 환경, 남성 중심의 사회 환경, 일-가정 양립, 내 집 마련 등 골치 아픈 문제들이 한 둘이 아니다.

가뜩이나 숨통이 꽉 막힐 것 같은 상황인데, 엎친 데 덮친 격으로 코로나19 사태가 장기화되면서 엄마들의 피로도가 점차 상승하고 있는 실정이다. 최근 한 연구에서도 온라인 학교학습으로 인해 엄마들의 부담이 가중되고, 이로 인한 스트레스가 심각함을 지적한다.[1]

---

1) 출처 : 조은숙, 김다애(2021), 「COVID-19 상황에서 자녀의 온라인 학교학습으로 인한 가족생활 변화에 대한 어머니의 경험 연구」, 한국가족관계학회지

대부분의 엄마들은 끝이 없는 육아, 살림, 일을 담당하며 자녀들의 학습 매니저, 놀이 선생님, 삼시 세끼 요리사 등 다양한 역할을 쉴 틈 없이 감당하고 있다. 매일 반복되는 업무만으로도 이미 벅찬데, 코로나19 사태까지 터지며 엄마가 감당해야 할 다양한 역할들이 폭발적으로 늘어났다. 그야말로 과부하가 걸린 상태인 것이다.

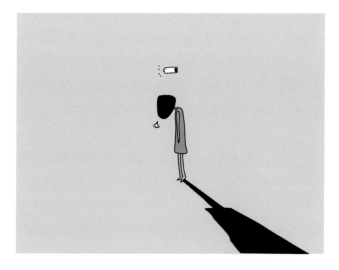

이처럼 환경적인 요인도 있지만 사실 '엄마'라는 자체만으로 충분히 힘들다. 끝없는 노동의 극치인 육아와 살림을 감당하며 체감하는 신체적인 피로감은 날로 늘어만 간다. 여기에 출산

후 우울증으로 시작해서 경력단절을 통해 겪는 허무함, 정체성의 혼란, 복직 여부에 대한 고민, 육아를 소홀히 하고 있다는 죄책감 등 출산과 동시에 정신없이 몰아치는 변화에 엄마들의 마음의 병은 점점 심각해지고 있다.

산후우울증을 겪는 '우울한 엄마'의 비율은 5년 만에 3배 이상 급증하였다. 분명 사회적으로 심각한 문제임에 틀림없지만 정부의 대책이나 관리시스템은 여전히 미흡한 실정이다.[2]

나만의 시간을 보내며 충전을 받았던 시절은 까마득하게만 느껴지고, 점점 방전된다고 느껴지지 않는가? '나'는 가루가 되어 사라져 버리는 것 같은 기분이다. 이는 특히나 코로나 시대를 살아가는 엄마들의 공통된 감정일 것이다. 물리적으로 엄마 혼자 지내는 시간이 줄어들고, 외출이 자유롭지 않은 상황이다. 즉, 독립적인 삶이 불가능한 구조로 누구라도 버티기 힘든 환경인 것이다.

물론 코로나19가 언젠가는 종식될 테고, 미세먼지나 환경오염 등의 문제 또한 외교적, 법률적, 정책적인 방법으로 점차

---

2) 출처 : 「'우울한 엄마' 3배 늘었다」, 서울신문, 2021.07.12.

완화될 거라 기대해볼 수 있으며, 여성의 경력단절 해결책과 육아 지원과 관련된 실질적인 대책이 수립될 것이다. 하지만 이는 국가적인 혹은 전 세계적인 차원에서 해결해야 하는, 그것도 장기적인 문제인 것이다. 당연히 하루아침에 해결될 일이 아니다. 고로 당장 내 문제를 해결해 줄 수 없다는 슬픈 사실.

하지만 한 가지 위로가 되는 것은, 이런 불가항력적인 외부적인 요인들은 모두에게 공평하게 주어졌다는 것이다. 물론 각자가 처한 상황에 따라 체감의 강도는 다르겠지만 나만 힘든 게 아니고 누구나 똑같이 버겁게 느껴진다는 이야기다. 그렇기에 일단은 마음을 다스리며 버티는 수밖에. 결론적으로, 안타깝지만 외부적인 요인은 자신의 능력 밖의 일이고 당장 바꾸거나 손 쓸 수 없는 문제이기에 일단 패스.

하지만 아직 포기하기에는 이르다. 내부적인 요인 즉, 나와 가족과 관련된 요인은 그나마 내 힘과 노력으로 조금이나마 개선 여지가 있다는 것이다. 먼저 남편과의 관계, 그리고 자녀와의 관계를 객관적으로 살펴보고 개선한다면 한결 나아진 삶의 질을 경험할 수 있다(물론 말은 쉽다, 실천하기 힘들다는 걸 잘 안다.).

그리고 무엇보다 핵심적인 것은 바로 나 자신의 변화이다. 우리 세대의 대부분은 비교적 남녀가 평등한 사회 환경에서 사회생활을 경험한 여성들이다. 하지만 임신-출산-육아를 겪으며 상당수가 경력단절 여성이 되는 게 현실이다. 이에 따른 좌절감과 굴욕감을 경험하는 건 당연한 이야기. 물론 현직에 있더라도 언제까지 버텨야 할지에 대한 고민은 계속된다. 일과 가정 사이에서 오는 각종 스트레스에 시달리며 자괴감과 죄책감에 마음앓이를 한다. 게다가 몸 건강에도 하나둘씩 적신호가 켜진다. 육아와 자녀교육 문제에 골머리를 앓고 있으며, 미운 남편은 자식 때문에 참고 버티는 게 보통의 현실이다.

예전에 느꼈던 성취감은 온데간데없이 사라지고, 매사 자녀들에게 맞추는 수동적인 삶을 살아간다. 내가 무얼 좋아했고 어떤 걸 좋아했는지 나만의 취향 따윈 없어진 지 오래다. 관심사도, 삶의 여유도, 취미생활도, 운동도 점점 남의 이야기가 되어 가고 있지는 않은지 점검해 볼 때이다. 그리고 이런 패턴을 바꿔 나가야 한다.

그렇다면 이런 상황은 무얼 의미하는 것일까?
바로 '엄마의 사춘기'라고 할 수 있지 않을까 싶다.

성장 과정에 반드시 거쳐 지나가야 할 그리고 누구나 겪는 사춘기처럼, 생애 두 번째 사춘기를 엄마가 되어 혹독하게 치르는 중인 것이다.

하지만 엄마로서 성장하기 위한 통과의례로
'엄마의 사춘기'를 잘 극복한다면 분명 더 멋진 엄마로 성숙해질 것이다.

지금의 위기 상황을 피하려고만 하지 말자.
제대로, 잘, 지혜롭게 돌파해 보는 거다.
분명 이 시기는 내 인생에 중요한 터닝포인트가 될 것이다.

프랑스의 시인 폴 발레리는, "생각하는 대로 살지 않으면 사는 대로 생각하게 된다."고 했다. 또한 독일의 시인이자 철학자인 니체는 "살아갈 이유가 있는 사람은 어떤 현실도 견뎌 낸다."고 말했다. 이 둘의 공통점은 바로 본인의 의지의 중요성을 강조하고 있다. 숙명론적인 사고를 벗어나 상황탓, 남탓 하지 말고 능동적으로 삶을 개척하라는 것이다.

같은 맥락에서 이 글에서는 '나의 변화'에 초점을 맞추고 이에 딱 맞는 처방전을 제시하려 한다. 지금 겪는 우울함과 무기력감이 너무 크게 느껴져 손 쓸 힘도 없고, 변화를 위해 여러 가지 시도를 한다는 것이 엄두도 안 나겠지만 부디 용기를 내보기 바란다. 긴 슬럼프에도 분명 끝은 있다. 그리고 머지않아 활기를 되찾을 것이다.

언제 그랬냐는 듯 훌훌 털어내고 일어나는 날이 곧 올 것이다. 우울감도, 무기력감도, 더 이상 나를 괴롭힐 수 없다고 배짱을 부려 보는 것을 시작으로 자신감을 가져 보는 건 어떨까? 당당하게 새로운 삶을 개척하려는 마음을 먹는 것만으로도 이미 목표의 절반은 이룬 셈이다.

'엄마'라는 자리의 재발견

'조급함'과 '실패자'라는 생각을 떨쳐낸 후 찾아온 변화

코로나19가 우리의 일상을 완전히 바꿔 놓았다. 나를 둘러싼 상황은 변하지 않았지만(아니 오히려 더 나빠졌지만) 마음가짐이 달라지니 세상이 달라 보였다. 더 이상 무기력하고 우울할 필요가 없었다.

어딜 가나 맨 앞자리에 앉는 적극적인 모습은 기본, 소신 있는 발언도 서슴지 않던 내가 왜 그렇게 오랜 시간 동안 침체되어 있었을까? 곰곰이 생각해 보니 먼저 '억울한 감정' 때문이었다.

같은 학교, 같은 학과, 같은 해에 졸업한 남편과 분명 출발점은 같았지만 엄마가 되고 정신을 차려 보니 따라잡을 수 없을 만큼 큰 격차가 벌어져 있었다. 남편은 과장, 차장으로 쭉쭉 승진하며 우수사원 타이틀도 놓치지 않고 회사에서 인정받으며 고속성장 중이었다. 게다가 몇 번의 스카우트 기회로 몸값도 수직 상승했다. 어차피 배우자와 나는 한 팀이지만, 바보 같게도 이런 남편의 모습을 보며 마냥 기쁘지 않았다. 한편으로 씁쓸한 기분마저 들었다.

나 또한 남편 못지않게 일 욕심이 많았고, 업무 성과도 꽤 좋은 편이라 회사에서 나름 인정받고 있었다. 하지만 직장생활

10여 년 동안 일과 육아를 정신없이 병행하며 하루하루 전전긍긍하는 처지였다. 일하는 엄마라는 죄책감은 나날이 커져만 갔고, 생각지도 못한 변수들로 인해 내 계획과는 전혀 상관없이 결국은 둘째 아이 출산 후 일을 그만둘 수밖에 없었다.

아이들이 자라고 조금 살 만해진 후, 나는 악착같이 공부해서 대학원 석사과정을 마쳤다. 하지만 그때뿐이었다. 재취업의 기회를 노렸으나 아직은 자녀들에게 절대적으로 엄마가 필요하다는 현실에 또 한 번 좌절했다. 고민 끝에 풀타임으로 일하는 것을 포기했다. 또 한 번 현실의 벽에 부딪쳐야 했다. 물론 '엄마'라는 고귀한 사명을 감당할 수 있는 일이 참 감사한 일이다. 하지만 머리로는 알고 있다 해도 도저히 마음으로는 쉽게 받아들여지지 않았다. 내내 속으로 툴툴거렸다. 아무리 발버둥쳐 봐도 결국 나에게는 '경력단절 여성'이라는 초라한 성적표만 남은 것 같아 내 처지가 처량하기만 했다.

해봤자 티도 안 나는 사소한 집안일과 사투를 벌이고 아이들 준비물 챙기느라 동분서주하며 하루를 훌쩍 보냈다. 계절마다 바뀌는 옷과 이불 정리는 기본, 아이들의 작아진 옷과 신발을 사대느라 정신이 없었다. 물론 생필품은 늘 적정 수준의 재고

를 파악해서 유지해야 했고, 빨래와 청소, 장보기와 요리는 해
도 해도 끝이 없었다.

 가족들 뒷바라지를 하는 것이 급선무였기에, 정작 나를 위
한 시간을 보내기란 거의 불가능했다. 그렇게 점점 나를 잃어
갔다. 'OO 엄마, OO 아내'라는 호칭만 남고 '한고운'이라는
세 글자는 영영 없어져 버린 것 같았다. 이 반복되고 끝도 없
는 지긋지긋한 일상에서 벗어나, 차라리 회사를 다니고 업무
를 통한 성취감을 느끼며 돈을 벌고 싶다는 생각이 늘 목구멍
까지 차 있었다.

"너희 이렇게 계속 말 안 들으면, 엄마 당장 내일부터 회사 다닐 거야! 너희 때문에 엄마는 일도 포기했는데 도대체 나한테 맨날 왜 이러냐고!"

아이들에게 협박의 도구로도 자주 등장하는 레퍼토리였다. 여전히 부정적인 감정이 나를 짓누르고 있었고, 잉여인간 같다는 자책감도 들었다. 그렇게 겉으로는 큰 이상은 없어 보였지만 마음은 서서히 병들어 갔다. 더구나 나의 무기력함을 자각했을 때는 이미 증세가 심각해진 후였다. 어디서부터 어떻게 손을 써야 할지 몰랐다. 난생처음 겪는 무기력감에 당황스럽기만 했다.

하지만 코로나19 사태가 터진 이후, 놀랍게도 상황은 역전되었다. 이런 국가적이고 전 세계적인 이슈에 자녀들을 온전히 돌볼 수 있는 내 역할이, 내 상황이 빛을 발했다고나 할까?

평소에 음식을 사 먹기보다 삼시 세끼 집밥은 물론이고, 홈베이킹이 취미라 집에서 간식거리도 가능한 만들어 먹고 있었다. 가내수공업마냥 자체 해결하는 생활습관이 몸에 밴 나에게는 이러한 비상상황이 의외로 버틸 만했다. 등교 대신 주구장창 온라인 수업을 하는 첫째 아이, 등원을 하지 못하고 1년 중

10개월을 집에 데리고 있었던 둘째 아이, 그리고 장기간 이어진 남편의 재택근무가 생각보다 큰 위기 상황이 아니었다. 그냥 원래대로 해 오던 일상에 난이도를 조금 높인 정도로 체감되었다. 물론 네 식구의 삼시 세끼를 꼬박꼬박 집밥으로 챙기는 일은 지금 생각해 보니 최고난도이긴 했다.

자녀들을 돌보고, 학습시키고, 놀아주는 등 다양한 역할을 감당하는 데 아무래도 전업주부인 내가 유리했다. 남편의 도움을 받고, 분담을 한다 한들 한계가 있고 결국은 엄마가 감당해야 하는 일들이 대부분이기 때문이다. 만약 내가 일터에 있었더라면, 마음이 얼마나 조급했을까. 그리고 자녀들에게 얼마나 미안해했을까(물론 일도 가정도 균형 있게 잘 양립하고 있는 워킹맘들, 진심으로 존경스럽다. 그들에게 무한 격려와 박수를 보낸다.).

평소에 지인이나 친인척, 자녀들의 친구에 많이 의존하지 않고, 딱 우리 네 식구가 중심이 되어 생활하는 습관도 상당히 감사한 일이었다. 동네 놀이터를 가는 일부터 시작해서, 인근 공원 나들이, 여행 등 조촐하지만 우리 가족끼리 즐겁게 놀고, 가족 안에서 해결하는 편이다. 우리는 예전부터 늘 가족 중심

으로 살고 있었다. 자연히 우리 네 식구의 사이는 더욱 돈독해
지고, 엄마 아빠에 대한 아이들의 믿음과 사랑도 점점 강해지
는 것을 경험했다.

역설적이게도 외부와 단절된 채
계속되는 집콕 생활을 통해
이런 초대형 위기에도 불구하고
큰 흔들림 없이 중심을 잘 잡으며
가족들이 안정적이게 생활할 수 있음에 감사했다.

물론 직장에서 수고하며 돈을 벌어오는
남편의 덕이 컸음은 말할 것도 없다.

남편은 가정 바깥의 일을 책임지고,
나는 가정 안의 일을 책임졌다.

서로 역할 분배를 통해
완벽한 분업을 이루었다.

그리고 각자의 역할을 충실하게

수행해 낸 결과였다.

'그래도 내가 지금까지 잘 살아왔구나.'라는 생각이 들었다. 스스로 잘 버텨왔고 대견하다는 생각에 위로가 되었다. 낮아진 자존감도 조금은 회복되었다. 일에 얽매여 시간적으로 쫓기지 않고, 물리적으로 단절되지 않은 채 24시간 내내 자녀들을 돌볼 수 있는 전업주부라는 나의 현 위치가 참 다행이라 생각되었다.

내가 그동안 그렇게도 투덜거리며 억지로 감당해 오던 엄마의 자리는 더 이상 벗어나고 싶은 자리가 아닌, 내가 꼭 있어야 할 가장 소중한 자리임을 깨달았다. 그토록 원망스러웠던 내 일상이 하나둘씩 감사한 일들로 변했다. 상황은 바뀌지 않았지만 마음가짐이 달라지니 세상이 달라 보였다.

조급함을 버리기로 했다.
'실패자'라는 생각을 버리기로 했다.

나의 행동들이 이윤을 창출하지 못하고, 효율적이지 않음에 대한 자책을 멈췄다.

지난 일에 대한 미련과 후회도 훌훌 털어버렸다.

나의 가치를 애써 증명하지 않아도 지금 이대로 잘 살아왔고, 앞으로도 잘 감당할 수 있을 거라는 자신감이 생겼다.

외부 도움 없이 두 자녀를 온전히 감당하며 잘 키우고 있다는 점 하나만으로도 나 자신을 격려해 주고 싶었다.

어느새 조금씩 생기를 찾아가고, 다시 활기를 띠게 되었다. 그제야 깨달았다. 현재 우울감을 벗어나는 가장 빠른 방법은 불가항력적인 외부 요인의 해결이 아닌, 그나마 통제 가능한 내부 요인들을 해결하는 게 핵심이라는 것을. 그리고 그중에서도 나 자신을 바꾸는 것이 가장 우선이라는 것을. 이를 실천함으로 마음의 짐을 내려놓게 되었고 예전보다 한결 마음이 가벼워졌다.

어떻게든 사고방식을 바꾸어 어두운 기분에서 벗어나는 것은 매우 중요한 일이다. 우울한 기분을 떨쳐 버리고 긍정적인 마음을 되찾아야 한다.[1]

동시에 나의 마음가짐, 생활습관, 언어, 대인관계 등을 점검하고 변화를 주기 시작했다. 놀랍게도 그 후로 하나둘씩 삶에 긍정적인 신호가 켜지기 시작했다.

---

1) 출처 : 다카다 아키카즈(2009), <마음을 즐겁게 하는 뇌>, 도서출판 전나무숲

3장

무기력감과 우울증 극복을 위한 솔루션

나다운 모습을 되찾기 위해
꼭 기억해야 할 10가지

지금 당장 실천할 수 있는 현실적인 조언

'엄마'가 되면서 심리적으로, 육체적으로 많은 변화를 겪는다. 특히 예전처럼 시간 활용이 자유롭지 못하고, 모든 일에 아이가 1순위가 되다 보니 점점 나를 잃어 가는 느낌이다. 게다가 일을 그만두게 된 경우에는 그런 상실감이 더욱 크다. 엄마들의 마음이 조금씩 병들어 가는 것은 어쩌면 당연한 결과인지 모른다.

뮤지컬 배우였던 한 친구가 있다. 관객의 시선과 환호성을 받는 데 늘 익숙했지만, 임신과 출산을 거치면서 마주한 현실은 무대에서의 삶과 전혀 달라 좌절감이 컸다고 했다. 평범한 직장인이었던 나도 상실감을 느꼈는데, 내 친구는 오죽했을까 싶다. 그러다가 최근에 기회가 생겨 예전에 함께 공연했던 멤버들과 의기투합하여 공연을 기획해 보기로 의견이 모아졌다고 한다. 막연하게 꿈꾸던 '다시 무대에 서는 순간'이 드디어 현실로 이뤄질 것 같다며 설레하던 친구의 모습이 떠오른다. 그저 생각만으로도 숨통이 트인다며, 독박육아로 찌들어 있던 고된 현실도 이겨낼 힘이 불끈 솟아나는 기분이라 요새는 하루하루가 즐겁다고 했다. 이렇게 용기를 낸 친구의 모습이 너무 대견스럽고, 앞날을 진심으로 응원해 주고 싶다.

이처럼 우연히 찾아온 작은 기회로 인해 무기력하던 일상이 언제 그랬냐는 듯 활기 넘치게 변화되는 마법같은 일이 일어나기도 한다. 현재의 주어진 상황에서 자신만의 강점 혹은 경력을 발휘할 수 있는 일이 무엇인지 잘 생각해 보고, 용기내서 기회를 잡는다면 이런 일들이 얼마든지 나에게도 일어날 수 있다.

'엄마인 내가 이게 가능하겠어?'라며 시작도 하기 전에 체념하거나 포기하지 않길 바란다. 모든 근심과 걱정은 잠시 접어두고, 더도 말고 덜도 말고 '딱 한 발자국' 떼 보는 것은 어떨까? 작은 걸음이라도 용기를 내서 발을 내딛는 순간 비로소 변화는 시작된다.

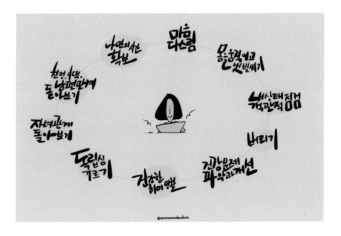

무기력감과 우울증, 어떻게 하면 벗어날 수 있을까?

1. 마음을 다스리자

"괜찮다"라고 자신에게 말해 보자. 너무 열심히 살고, 뭐든지 잘하려고 애쓰지 말자. 힘 빼고 적당히 살아도 괜찮다. 그리고 나를 믿고 기다려 주자. '넘어진 김에 쉬어 간다'는 생각으로, 그동안의 나를 점검해 보고, 도약하는 시간으로 삼는 거다. 분주한 일상, 성과에 대한 압박감, 효율성, 경쟁심 등을 내려놓아야 한다. 무언가를 꼭 해야 한다는 조바심을 버리고 마음을 내려놓는 연습이 필요할 때이다. 의식적으로 긍정적인 방향으로 생각하고 감사하는 습관을 갖자.

2. 몸을 움직이자. 그리고 햇빛을 쐬자

1년 치 헬스를 끊거나, 비싼 운동 기구를 집에 들여놓으라는 이야기가 아니다. 하루 이틀 하고 지쳐서 포기할 만한 대대적인 계획 말고 지속 가능한 소소한 운동을 시작하자. 하루 10분 걷기, 동네 한 바퀴 돌기, 차 대신 걸어서 이동하기, 5분 홈트 등 운동량을 조금씩 늘려가다 보면 한결 생기가 도는 나 자신을 발견할 것이다.

3. 내 상태를 객관적으로 점검하자

너무 바쁜 일상을 보낸다면 과부하가 걸리기 마련이다. 반대로 너무 한가하거나 시급한 일이 없어도 문제다. 긴장감이 떨어져 심적으로 육체적으로 늘어지기 때문이다. 둘 사이의 적정선을 찾아 균형 있는 상태를 만들어야 한다. 강제 휴식을 하거나, 혹은 적절한 압박감이 드는 일을 찾아 성취감을 맛보게 되길 권한다.

4. 버리고 또 버리자

삶을 심플하게 살자. 살림부터 시작해서, 옷, 화장품, 장난감 등 꼭 필요한 물건만 남기고 정리하자. 물론 대인관계도 동일하게 적용된다. 또래 엄마들 모임, 동창 모임 등 그룹에서 빠진다고 해도 아무 일도 일어나지 않는다. 수많은 광고 문자, 단톡방도 정리 대상이다. 그곳에 쏟는 시간과 에너지를 줄여야 내 시간이 확보되고, 나를 돌아볼 겨를이 생긴다. 여기저기 끌려 다니지 말고 최소한의 지인들과 적당한 거리와 친분을 유지하더라도 인생은 충분히 아름답다.

5. 건강 문제를 파악하고 개선하자

내 몸에 관심을 기울이자. 물론 병원에 가서 진단을 받고 적극적으로 치료를 하는 것도 필수이다. 하지만 단순히 약을 복용하고, 시술을 받는데서 끝내라는 게 아니다. 근본적인 문제를 파악해야 한다.

나의 경우 만성인후두염과 역류성 식도염에 목소리까지 변하고 소화에 어려움이 있어 6개월 이상 약을 복용했는데도 큰 차도가 없었다. 큰맘 먹고 커피를 아예 끊으니 거짓말처럼 모든 증상이 완화되었다. 소화가 잘 되니 입맛도 회복되고, 삶의 활력과 자신감이 생겼다. 하나를 포기했더니 삶의 전반에 긍정적인 선순환이 일어났다.

6. 관심사를 찾고 건강한 취미생활을 시작하자

단 조건이 있다. 가족들에게 해를 끼치지 않고, 엄마로서 지속적으로 실행 가능한 것이어야 한다. 새벽까지 드라마를 정주행한다면 그날의 일정은 순탄치 않을 것이다. 혹은 시간이나 비용이 과도하게 소요된다면 이 또한 가족들의 지지를 받으며 꾸준히 취미생활을 지속하기 어렵다. 어학, 독서, 자격증 등 학습과 관련된 관심사는 이유 불문 언제나 옳다. 가족 단위의 취미를 찾는 것도 방법이다. 기부 활동, 자전거 타기, 스포츠 관람, 영화 관람 등 자녀들이 평소 관심 있는 활동을 온 가족이 같이 공유하는 것도 괜찮은 선택이다.

7. 독립심을 기르자

육아, 살림, 외출 등 모든 영역에서 독립이 필요하다. 친정이
나 시댁 찬스는 부득이한 상황에서만 부탁드리고, 남편의 도움
도 때로는 거절하자. 오롯이 내 힘으로 삶을 꾸려야 한다. 혼밥,
혼운동 등이 자연스럽게 느껴지도록 평상시에 내공을 키워야 한
다. 남들 하는 대로 선택하거나, 팔랑 귀가 되지 말고 매사에 소
신 있게 행동하자. 그리고 '나'에게 초점을 맞추고 내가 하고 싶
은 것, 내가 먹고 싶은 것, 내가 가고 싶은 곳을 찾아야 한다. 단
출하더라도 나만의 공간을 꾸리고 그곳에서 행복한 나만의 시간
을 보내기를 추천한다.

8. 자녀와의 관계를 돌아보자

회사 일보다 100배는 더 힘든 게 바로 아이 키우기이다. 이들
로 인해 천국과 지옥을 오가는 경험을 하게 되지 않던가. 어릴
때는 의식주 문제가 대부분이었다면, 자녀가 크면 클수록 교육,
대인관계 등 신경 쓸 것들이 점차 늘어난다. 욕심을 내려놓고 오
직 '아이의 행복'에 초점을 맞춰야 한다. 또한 자녀를 있는 모습
그대로 사랑해야 함도 명심하자. 육아서적을 손에서 놓지 말고

계속 공부하며 자녀와 함께 누리는 기쁨과 행복을 놓치지 말기
바란다.

9. 친정, 시댁, 남편과의 관계를 돌아보자

네 탓 ×, 내 탓 ○

상황을 탓하기보다 나의 태도 혹은 나의 마음가짐을 점검해
봐야 한다. 상대방을 미워하면 그만큼 나만 손해다. 분노의 감정
을 품고 있어 봤자 아무 도움이 되지 않는다. 미친 척하고 상대
방의 입장에서 생각하다 보면 그렇게도 얄밉고 이해할 수 없었
던 행동과 말들이 조금은 이해되기 시작한다. 이들을 굳이 사랑
하려고 지나치게 애쓰지도 말자. 그냥 마음을 너그럽게 가지고
상대방을 존중해 주면 어느 순간 부정적인 감정이 점차 누그러
질 것이다.

10. 나 혼자만의 시간을 목숨 걸고 확보하자

엄마에게는 절대적으로 나만의 시간이 필요하다. 반드시 그동
안 잃어버린 나를 찾아야 한다. 자녀의 상황에 따라 다르지만 짧
게라도 나만의 시간을 가지기를 바란다. 내가 잘 충전되어야 자
녀들에게도 좋은 영향을 끼칠 수 있다. 자녀가 어리다면 엄마 애
착 때문에 분리가 쉽지 않으므로 아침에 1~2시간 일찍 일어나

서 자유 시간을 보내면 된다. 아빠가 자녀를 맡아줄 수 있는 경우 잠깐이라도 아이를 부탁하고 엄마만의 힐링 타임을 당당하게 누리자.

일부는 당장 실행할 수 있을 정도의 가벼운 해결책이지만 일부는 시간과 용기가 수반되어야만 할 수 있는 일이다. 하지만 거창한 것은 하나도 없다. 이 정도 난이도라면 그래도 도전해 볼 만하다고 느껴지지 않는가? 이제 위에 나열한 10가지 방법에 대해 좀 더 자세하게 다뤄 볼 것이다.

세상의 모든 엄마들이 '나'에 대한 신뢰감을 회복하고,
나를 아끼고 사랑하는 방법을 배웠으면 좋겠다.

나를 용납해 주고, 기다려 주는 과정을 통해
가장 나다운 모습을 찾아가기를,

그 과정을 통해 삶의 즐거움, 삶의 기쁨을 만끽하기를 바란다.

1. 마음을 다스리자

궁극적으로 나를 살리는 힘

우리에게는 조급증과 강박증이 있다. 남들 대학 갈 때 나도 대학에 가고, 남들 취업할 때, 나도 취업해야 하고, 남들 결혼할 때 나도 결혼해야 하고, 남들 출산할 때 나도 출산해야 한다는, 더도 말고 덜도 말고 '남들처럼' 비슷하게 사는 삶. 나 또한 그래야만 하는 줄 알고 아무런 문제의식 없이 무작정 따라갔다. 대학 졸업 후 취업을 준비할 때 1년 정도 시간이 걸렸는데, 동기들보다 엄청나게 늦었다고 생각되어 자책감으로 내내 괴로워했다. 당시 나의 일상을 떠올려보면 조급한 마음으로 취업 스터디를 하고, 이력서를 쓰고 면접을 보러 다니는 일이 내 일상의 전부였다.

지금 생각해 보니 그 빛나던 20대 초중반의 시절을 좀 더 여유를 가지고 살걸, 후회가 된다. 긴 인생을 볼 때, 1~2년 뒤쳐진다고 해서 달라지는 것도, 크게 손해 볼 일도 없는데 말이다. 나 자신을 더 돌아보고, 내가 진짜 무얼 잘하고, 무얼 좋아하는지 더 다양하게 경험해 보았더라면 내 인생이 얼마나 더 풍요로웠을까.

외국의 자유로운 생활 방식이나 열린 사고에 비해 우리나라는 유독 사회적인 잣대가 엄격한 것 같다. 주변 사람들과 행보가 다르면 뭔가 잘못된 것 같고, 뒤처진 것 같아 손가락질 받는 기분이 들기도 한다. 나만의 속도와 방향성이 아닌, 남들과 같이 일단 부지런히 쫓아가야 한다는 무언의 압박감이 마음을 짓누른다. 그래서일까, 남들과 같은 선상에 있지 않을 때 불안감을 느낀다. 때로는 패배의식에 사로잡히기도 한다.

오늘날 많은 사람들은 무작정 삶의 속도를 빠르게 하려고 애쓰지만 결국에는 부질없고, 공허하다는 느낌만 커질 뿐이다. 또한 물질적인 문제가 해결된 다음에야 비로소 실존적인 의문들(즉, 스스로를 돌아보고 의미 있는 삶에 대한 욕구와 같은 정신적인 문제들)을 인식하게 된다.[1]

엄마들이 현실을 자각하고, 자아성찰이 시작되었다는 것은 어떻게 보면 극기 훈련 못지않은 최악의 육아기를 벗어나고 조금이나마 살 만해졌다는 뜻 아닐까? 쉽게 말해 애 낳고, 어느 정도 키워 놓고, 이제야 마음의 여유가 조금 생긴 거라 할 수 있기에 마냥 부정적인 신호는 아닌 것이다. 다만 '빨리 빨리'를 외치며 조급증을 키우는 것은 근본적인 해결책이 절대 아니라는 점은 명심해야 한다.

---

1) 출처 : 빅터프랭클(2017), <빅터프랭클의 심리의 발견>, 청아출판사

특히 교육에 있어서 요즘 엄마들의 열정은 과도하다. 조기 교육에 지나치게 돈을 투자하고, 희생하는 건 아닌지 점검해볼 일이다. 빨리 복직하지 않으면 이대로 나의 커리어는 끝날 것 같고, 이왕이면 영어유치원을 보내서 남들보다 더 빨리 영어를 습득시켜야 할 것 같은 압박감이 든 적이 있지 않은가? 아직 한참 뛰어놀 나이임에도 불구하고 미취학 아동에게 학습지, 학원 등 각종 사교육 스케줄로 아이의 시간을 꽉 채우고 있는 건 아닌지 돌아보아야 한다. 최소한 피아노와 태권도 학원은 보내야 안심이 되고 한글도 선행학습을 통해 완벽하게 습득해야만 초등학교에 가서 잘 적응할 것이라고 생각한다면 이는 뭔가 한참 잘못된 것이다.

꼭 이럴 필요가 있을까? 왜 이렇게 자녀들을 압박하는 것일까? 주변 사람 눈치를 보며 대세의 흐름에 편승해야만 왜 마음이 편안해지는지 생각해 볼 문제다. 물론 부모로서 어린 자녀들의 교육을 관여하고 결정권을 가지는 것은 당연한 일이다. 하지만 자녀에게 관심이 지나치게 쏠려 있다는 것이 문제이다. 지금까지 오로지 자녀에게 포커스를 맞췄다면, 이제 본인에게도 관심을 주어야 한다. 조급해하는 태도를 버리고 자녀도, 부모도 균형 있는 삶을 추구해야 한다.

또한, 절대로 손해 보지 않으려는 태도를 바꿔야 한다. 정보가 넘치는 시대를 살아가는 우리 연령층의 세대에게 일반적으로 관찰되는 특징 중 하나일 것이다. 최대한 여기저기에서 정보를 악착같이 모은다. 리뷰나 댓글은 하나도 놓치지 않고 살핀다. 육아용품 하나를 사는 데도 과도한 시간과 에너지를 쏟으니 엄마의 삶은 쉽게 피곤해질 수밖에 없다.

삶이 바쁘다 보니 모든 면에서 시행착오를 해서는 안 된다는 마음이 드는 것은 당연하다. 하지만 생각해 보면 때로는 실수하고, 실패하며 배우는 경험이 훨씬 값지지 않던가? 그러다 보니 자연스레 마음의 여유는 없어지고 점점 나와 가족만 생각하는 이기심이 자리 잡게 된다. 물론 부끄럽게도 내 모습 또한 별다를 것 없다.

평균 수명이 늘어나고 의학이 발전하면서 우리 인생은 점점 길어지고 있는데, 여전히 우리의 시야는 좁고, 우리의 사고는 단편적이다. 마음에는 점점 여유가 없다는 것, 참으로 큰 문제이다.

- 조급증
- 강박증
- 극강의 효율성 추구

이 세 가지 특징으로 압축할 수 있는 우리 세대의 엄마들이 지금까지 쉼 없이 달려오면서 피로도가 현저히 쌓일 수밖에 없는 구조이지 않았을까. 그래서 누적된 과부하로 인해 언젠가는 강제 휴식이 필요했을 것이다. 그리고 지금이 그 타이밍이다.

또한 우리 세대는 비교적 남녀 평등한 환경에서 자라며 높은 교육 수준에 사회적 성취감을 맛본 1세대이다. 하지만 임신, 출산 이후에도 계속해서 사회생활을 하기에는 여전히 사회적 기반은 부족하고, 여전히 사회적 인식은 낮다. 참으로 뼈아픈 현실이다.

그렇기에 분명 남녀가 비슷한 선상에 있었음에도 불구하고 결혼 후 임신, 출산, 육아를 겪으며 현격한 차이를 경험한다. 특히 출산 후 이전처럼 사회생활을 계속해서 이어 나가기에는 수많은 난관이 기다리고 있다. 자녀가 영유아기 때 워킹맘들이 어떻게든 버티더라도 초등학교 입학을 앞두고 많은 엄마들이 결국은 커리어를 포기하는 경우를 심심치 않게 목격할 수 있다.

엄마들이 그동안 나름 쌓아온 업무 능력과 사회적 성취감은 임신, 출산, 육아를 경험하며 처참하게 무너진다. 그야말로 사회적 지위가 한 순간에 추락한다. 대부분의 엄마들은 깊은 공허함과 허탈감을 느끼며 자연스레 우울한 감정에 빠질 수밖에 없는 구조인 것이다. 그러니 엄마들의 감정 변화는 어쩌면 당연한 결과이다.

통계청의 자료에 따르면 여성이 남성에 비해 가사시간은 7.2배, 육아시간은 3.5배 많다고 한다. 맞벌이 부부에게도 심지어 남편이 무직인 경우에도 아내의 육아시간이 훨씬 더 길게 나타났다.[2]

과연 이런 말도 안 되는 현상은 무엇을 의미하는 것일까? 여전히 살림, 육아, 교육 등을 엄마의 몫으로 여기는 분위기라는 사실이다. 게다가 자녀를 양육하는 엄마들에게 요구되는 것은 점점 다양해지고 있지 않은가. 이처럼 우리를 둘러싼 환경적, 사회적 요인이 엄마들의 심리상태에 상당 부분 영향을 미친다. 특히 사회적 약자가 된 듯한 '엄마'라는 자리는 누구라도 버겁고 힘겨울 수밖에 없다. 그래서 뒤늦게 발동한 '엄마들의 사춘기'는 참으로 혹독한 시간이 된다는 것이다.

---

2) 출처 : 조성호(2018), 「일·생활 균형을 위한 부부의 시간 배분과 정책과제」, 한국보건사회연구원

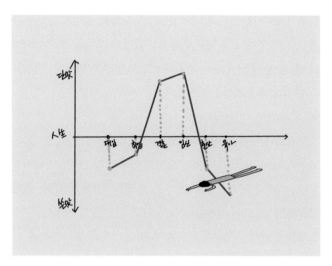

　난생 처음 겪는 무력감의 원인을 나름대로 분석해 보면서 이는 개인 차원의 문제가 아님을 깨달았다. 인과관계가 명확했기에 뻔한 결과였다는 결론을 내렸다. 어떻게 보면 다행이었고, 위로가 되었다. 이러한 사회적 구조 속에서 아무 어려움 없이 멀쩡하다면, 오히려 그게 더 이상하지 않았을까.

　발버둥을 쳐 본들 크게 변하지 않는 사회구조가 야속하기도 했지만, 일단 나부터 살고 볼 일이었다. '이런들 어떠하리? 저런들 어떠하리?'라는 마음가짐으로 모든 욕심을 내려놓았다. 그리고 '넘어진 김에 쉬어간다'는 생각으로 내 인생 전반을 점검해 보는 시간으로 삼기로 했다. 득도하는 심정으로 마음을 비우니 내 안에 요동치던 부정적인 감정이 하나둘 정리가 되었다. 당장 눈에 띄게 뭔가 변화가 생긴 것은 아니었지만, 이전보다 한결 풍요로워진 느낌이었다.

무기력감 극복의 해결책으로 제시하고 있는 10가지 중 첫 번째인 '마음을 다스리자'의 중요성은 아무리 강조해도 지나치지 않다. 주저리주저리 글을 썼지만, 결국은 "잘하고 있어, 괜찮아"라고 스스로 독려하자는 것이 하고 싶은 말의 전부이다. 스스로를 용납해 주고, 나 자신을 좀 믿고 기다려 주는 연습을 해보자는 뜻이다.

아무 소용없는 신세한탄을 당장 멈추고 각자 자신만의 페이스를 찾으면 그만이다. 뜻대로 흘러가지 않는다고 해서 패배의식에 사로잡힐 필요는 없다. 물론 안정적인 커리어에 빵빵한 연봉을 받는다고 해서 자만할 필요도 없다. 적어도 '엄마'라는 세계에서는 영원한 승자도 패자도 없다. 삶의 무게나 고민거리의 종류는 다르겠지만 결국은 서로가 경쟁자가 아닌 한 팀이다. 연대의식을 가지고 함께 '엄마'의 고된 삶을 힘써 이겨내고 지켜내야 할 동지인 것이다.

"나는 네가 세상에서 제일 부럽다."

누가 봐도 완벽한 탄탄대로를 걷고 있는 친구가 건넨 말이다. 명문대 졸업과 대기업 취직이라는 엘리트 코스를 밟았음은 물론, 서울 한복판의 대규모 고급 아파트 단지에 살고 있으면서 도대체 내가 뭐가 부럽단 말인가. 친구의 반응에 한참 동안 어안이 벙벙했다. 서울은 서울이지만 소규모 단지 20평대 아파트에 턱걸이 하듯 겨우 진입했고 경제 활동은 포기한 지 오래, 애 둘을 키우느라 우아함과는 거리가 먼 나를 보고 부럽다니, 제 정신인가.

상상도 못했던 친구의 말에 도저히 이해가 가지 않아 왜 그렇게 생각하는지 이유를 물었다. "나는 외동 키우잖아. 맨날 놀이 상대 해 주느라 여간 힘든 게 아니야. 그래서 서로의 정신 건강을 위해 학원을 안 보낼 수가 없다니까. 게다가 혼자 밖으로 내보내면 마음이 어찌나 불안한지, 근데 너는 둘이잖아. 그것도 딱 좋은 두 살 터울로. 그리고 회사를 계속 다니는 게 맞는 건지, 내가 지금 잘 하고 있는 건지 모르겠어."

듣고 보니 틀린 말도 아니었다. 제 아무리 사회적으로 인정

받고, 재정적으로 우위에 있다 한들 또 그 나름대로의 사연과 고충이 있었던 것이다. 마냥 부럽기만 했던 내 친구도 최소한 '자녀 양육' 이라는 주제 앞에서는 버거움을 안고 사는 엄마일 뿐이었다.

"이럴 줄 알았으면 결혼이고 출산이고 절대 안 하는 거였는데, 가족들 뒤치다꺼리나 하고 있다니."

"이놈의 일 때문에 아이들도 제대로 챙기지 못하고, 지금에라도 당장 일을 그만둬야 하는 걸까?"

이렇듯 엄마는 일을 해도, 일을 안 해도 늘 죄인이다. 누구나 각자의 위치에서 겪는 아픔이 있다. 이처럼 뭔가 답답하고 눌려 있는 듯한 느낌의 근본적인 원인은 무엇일까?

바로 '엄마로서 부족하다는 자책감'이 아닐까 싶다. 이 자책감은 본인의 삶에 만족해지지 못하는 데서 비롯된다. 세상에는 완벽한 엄마도, 완벽한 자녀도 없다. 다만 나도, 아이도 조금씩 성장해 가고 있다는 사실에 위로를 삼아야 할 것이다. 그래도 어제보다는 조금이라도 나은 엄마가 되고 있음에 감사하는 마음을 가지면 어떨까.

 아이들의 이야기에 박장대소하며 잘 들어주기, 놀이터에서 같이 신나게 놀아주기, 어린이집이나 유치원 등에 보낼 회신서를 재빠르게 제출하기 등 사소해도 분명 내가 잘하고 있는 일이 하나쯤은 있다. 모든 것을 다 잘할 수는 없는 법이다. 욕심 부리지 말고 나만의 강점을 찾고, 잘 발휘한다면 이미 당신은 훌륭한 엄마이다.

 부족하고 모난 부분이 있는 나 자신을 있는 모습 그대로 인정하고, 나 자신을 다독여 주는 일은 생각보다 어렵지 않다. 이 전쟁 같은 나날을 견뎌내고, 내면의 분노를 꾹꾹 눌러내며, 현실을 도피하고 싶은 욕구를 이겨내면서 오늘 하루도 무사히 버텨낸 것 자체만으로 박수를 받기에 충분하다. '오늘 하루 견뎌내느라 수고했어', '그래도 이 정도면 훌륭해'라고 자신에게 위로의 말을 건네 보자.

 이 외에도 분주한 일상, 성과에 대한 압박감, 효율성, 경쟁심 등을 잠시 내려놓아 본다면, 조금이라도 마음의 여유가 생길 것이다. 남들에게 뒤처지지 않기 위해 무의식중에 하던 행동들도 멈추어야 한다. 남들처럼 자녀들을 이런저런 학원에 보내고 교육에 열을 올리기보다, 동네 공원이나 뒷산을 산책하며 자녀들과 조금 더 눈을 맞추고, 같이 이야기를 나누며, 자연의 아름다움을 느껴보는 건 어떨까? 의외로 행복은 가까이에 있음을 발견할 수 있을 것이다.

사진을 통해 추억을 떠올리며 행복한 기억을 되새기는 것도 좋은 방법이다. 이른바 '행복 모먼트 찾기'. 구글포토와 같이 사진을 백업해 둔 프로그램으로 과거의 사진이나 동영상을 찾아보는 것도 좋고, 주요 사진을 골라 아예 포토북으로 인쇄해 놓는 방법도 있다. 마음의 평안을 찾는 데 가장 빠르고 손쉬운 방법이 바로 '사진 들여다보기'가 아닐까 싶다. 우리 가족의 경우 스마트폰과 티비를 연결하여 종종 1년 전, 2년 전, 3년 전으로 돌아가 보곤 한다.

"저기 공원에서 킥보드도 타고, 야구도 하고 진짜 재미있었는데, 우리 나중에 또 가요."

"저기 박물관 기억나? 서울 지도 모형에서 우리 집이 어딘지, 할머니 집이 어딘지 찾아봤었잖아."

아이들도 어른들도 각각 느끼는 바가 크다. 웃음이 터지기도 하고, 감동이 밀려오기도 한다. 고생했던 나날들이 주마등처럼 스쳐 지나가며 '아, 과거와 비교할 수 없을 정도로 몸도 마음도 편해졌구나. 훨씬 살 만해졌네. 이런 세월을 보낸 덕분에 지금의 내가 있구나.'라며 자신을 다독여 주게 되기도 한다.

당시는 잘 몰랐지만 지나고 나니 모든 게 감사할 일들이었고, 잊지 못할 추억이었고, 행복한 시간이었음을 깨닫는다. 특히나 아이들이 건강하게 커가고 있는 지금 이 순간이 인생의 가장 큰 축복임을 깨닫는다. 자연스레 감성이 살아나고, 기분도 한껏 상승된다.

이런 이유로 일상에서 늘 의식적으로 긍정적인 방향으로 생각하고 감사하는 습관을 가질 필요가 있다. 마음을 잘 다스려야 삶을 대하는 태도도, 자녀와 배우자를 대하는 태도도, 문제를 맞닥뜨렸을 때의 태도도 이전과 확연히 달라질 수 있다. 긍정 마인드로 무장해서 평정심을 잃지 말아야 한다.

실생활에서 예를 하나 들어보자면, 우리 집은 마음먹기에 따라 최악 혹은 최고의 거주지가 된다.

먼저 최악일 경우,

"우리 동네는 죄다 언덕이라 오르락내리락하려면 어찌나 숨이 찬지, 나가기도 싫어. 주변에는 아무런 편의시설도 없고 식당 하나 없어서 완전 감옥이 따로 없다니까. 운전하기도 어찌나 부담스러운지, 여러모로 힘든 동네야."

반면에 생각을 바꾼다면 이렇게 말할 수도 있다.

"우리 집은 언덕에 있어서 풍경이 참 아름다워. 특히 옥상에서 내려다보는 동네의 모습은 감탄사가 절로 나올 정도라니까. 일부러 짬 내서 운동하지 않아도 오르막길을 오르며 생활 속에서 운동도 할 수 있고, 아이들도 튼튼하게 잘 자랄 수 있을 것 같아. 게다가 언덕길에 작은 뒷산도 있어 가족끼리 산책하기도 얼마나 좋은지 몰라. 집 주변에 마트나 식당도 없어 불편하기도 하지만 대신 동네가 조용해서 참 좋아. 먹을거리나 생필품은 조금 부지런히 온라인몰에서 미리 구매하면 되고, 집밥을 해 먹다 보니 요리 실력도 부쩍 느는 것 같아. 덤으로 운전 실력이 늘어서 이제 평지 운전은 일도 아니네?"

똑같은 상황에서도 관점에 따라 상황 해석은 전혀 다르다. 불평만 하다 보면 결국 나만 손해다. 최악의 상황에서도 감사할 조건들을 떠올려보고 좋은 점을 찾아보자. 이런 작은 습관들이 당장은 눈에 보이는 효과가 나타나지 않을지 몰라도, 조금씩 쌓이다 보면 결국 나를 살리는 큰 힘이 되어 줄 것이다.

2. 몸을 움직이자. 그리고 햇빛을 쬐자

가벼운 산책이 주는 일상의 위대한 변화

만사가 귀찮고 몸을 움직이기도 싫은 상태가 지속되는 나날이었다. 어떤 날은 저녁 식사 후 설거지가 끝나고 음식물 쓰레기를 버리러 갈 때 비로소 '오늘 첫 바깥 외출이구나!'라고 자각할 때도 있었다. 그만큼 여러 가지 상황으로 집콕이 계속되면서 자의 반, 타의 반으로 외부와 단절된 채 생활하는 날이 이어졌다.

소파나 침대에 누워서 쉬는 것이 당장은 편했다. 하지만 쉼의 질이 낮다고 해야 할까? 누우면 누울수록 몸이 더 축 처지고 기운이 없었다. 날씨가 추워서, 날씨가 더워서, 힘이 고갈되어, 애들 숙제 봐줘야 하니까 등등 갖은 핑계로 집에만 머물렀다. 어느 순간 내 모습을 보니 옆구리 살은 점점 두툼해지고, 눈은 퀭하니 몰골이 말이 아니었다. 매사에 느슨해져 버린 나 자신이 한심하게 느껴졌다.

이대로 나를 방치할 것인가.
혹은 변화를 시도해 볼 것인가?

고민할 가치도 없었다. 10년 후, 20년 후 내 모습을 생각하니 정신이 번쩍 들었다. 처음에는 동네 헬스장을 알아봤다. 여러 조건을 비교해 보니 딱히 마음에 드는 곳이 없었다. 그렇다면 필라테스? 요가? 정보를 찾아볼수록 더 혼란스럽기만 했다. 원하는 시간에 맞는 수업도 없었고, 비용도 은근히 부담스러웠다. 러닝머신을 사야 하나, 실내 자전거라도 들여놓아야 하나 등등 또 운동을 시작하기 전에 쓸데없는 고민이 시작되었다.

그러다가 인근 병원에 갈 일이 생겼는데 부득이 걸어서 가게 되었다. '하필 왜 오늘 남편이 회사에 차를 가져간 날인 거야, 이게 뭐야!'라며 속으로 투덜거리면서 걷기 시작했다. 차로는 5분이면 도착하는 거리라 만만하게 보았는데 막상 걸어 보니 20분은 족히 걸리는, 꽤 먼 거리였다. 게다가 오르락내리락 언덕길을 걷기란 쉽지는 않았다. 대신 그동안 보지 못했던 것들이 눈에 들어왔다.

주변에 푸르른 나무들, 아름다운 새 소리, 길가에 핀 꽃, 까르르 웃으며 지나가는 활기찬 초등학생 아이들…. 그날따라 햇빛도 유난히 밝았다. 햇빛이 이렇게 기분 좋은 것이었던가? 꽁꽁 닫히고 무뎌진 마음에 살랑살랑 봄바람이 불어와 마음이 말랑말랑해지는 기분이었다. 걷기의 위력, 햇빛 쐬기의 위대함을 실감한 날이었다.

그동안 자외선이라는 존재를, 노화의 주범이라 생각하며 끔찍하게 생각했다. 매일 선크림을 필수로 바르며 햇빛을 차단하기 바빴다. 게다가 눈부심이 싫어서 선글라스도 늘 가방에 가지고 다니곤 했다. 또한 서향집에 사는지라 오후가 되면 암막커튼으로 햇빛을 차단하기 일쑤였다. 이렇게 해를 멀리하는 게 당연하다고 여겼는데, 그게 아니었다. 식물이 광합성을 하듯 사람에게도 햇빛을 쬐는 행동이 이토록 중요한 일이었음을 뒤늦게 깨달았다.

물론 상식적으로 비타민D가 면역이나 신진대사와 같이 정상적인 인체 활동에 필수라는 것은 익히 알고 있었다. 알약으로 된 비타민D 영양제를 섭취하고는 있었지만 막상 생활에서는 햇빛 쬐기를 전혀 실천하지 않고 있던 것이다.

햇빛 쬐기의 중요성을 인식한 후로는 차를 타고 편하게 다니는 대신, 웬만하면 걷거나 자전거 타기를 선택했다. 땀이 나기도 하고, 시간도 오래 걸렸다. 귀찮음을 이겨낼 의지도 필요했다. 그럼에도 일부러 불편함을 선택한 결과는? 예상한 대로 손해보다 이익이 훨씬 많았다.

몸을 움직이니 어느새 마음도 조금씩 움직이기 시작했다. 작은 일에 감탄하게 되고, 주변을 관찰하며 호기심이 발동하기도 했다. 아무 감흥 없이 다녔던 길을 걸어서 지나가 보니 또 다르게 보였다. 일부러 골목길로 가 보기도 하고, 조금 멀어도 처음 가 보는 길을 선택해서 빙 돌아서 가 보는 무모함도 발휘해 보았다. 주변 상가나 동네 공원을 구경하는 재미도 쏠쏠했다. 좋아하는 음악을 들으며 갈 때는 또 다른 세상에 있는 듯한 기분이었다.

단 10분이라도 햇빛을 쐬며 동네를 한 바퀴 걷고 온 날은 오히려 덜 피곤했다. 첫 시작이 힘들어서 그렇지 일단 만사 제쳐 두고 잠시라도 햇빛을 쐬고 오면 그렇게 상쾌할 수가 없었다. 그렇게 하루를 버틸 힘을 얻었다.

처음에 했던 헬스장, 운동기구 고민은 어느새 고민 목록에서 자연스럽게 사라졌다. 큰 비용을 들여서 대대적인 계획을 세우는 것보다 일상에서 지속 가능한 소소한 운동을 선택했고 결과는 만족스러웠다. 밖에 나갈 기운이 없어서 운동을 포기한다가 아니라, 무기력할수록 목숨 걸고 일단 밖으로 나가는 행위로부터 변화는 시작된다. 모든 핑계거리를 박차고 나가기를 반복하다 보면, 어느새 습관이 되어 크게 어려운 일이 아닌 일상이 된다. 이를 통해 나를 지탱해 주는 에너지를 얻을 수 있을 것이다.

"기분이 좋지 않으면 산책을 가라.
그래도 여전히 기분이 좋지 않으면 다시 산책을 가라."

히포크라테스의 명언이다. 걷는 행위는 그만큼 정신 건강에 좋다는 이야기다. 걷기의 유익을 몸소 체험하고 나니 점차 습관으로 자리 잡았다. 한껏 움츠러들었던 몸과 마음이 기지개를 켜는 듯했다. 왠지 모를 자신감과 긍정적인 감정이 생기는 것을 경험했다. 습관이 되니 오히려 밖에 나가서 걷지 않는 날이면 몸이 찌뿌둥했다. 퇴근하는 남편에게 후다닥 밥을 차려 준 후 아이들에게 양해를 구하고 재빠르게 바깥으로 튀어 나갔다.

시간이 늦었다거나, 몸이 유독 피곤하다거나 등등 그 어떤 사유도 나를 막을 수 없었다. 도저히 시간이 나지 않을 때는 비록 몰골이 영 말이 아니어도, 심지어 집에서 입던 옷 그대로 뛰쳐나가기도 했다. 최소한 운동복을 갈아입기 귀찮다는 핑계를 넘어설 수 있기 때문이다. 게다가 지금 당장 밖에 나가야만 하는 당위성을 갖기 위해 처리해야 할 음식물 쓰레기를 들고서 말이다. 그렇게 짧게나마 동네 한 바퀴 돌면서 지친 마음을 다스리고, 생각도 정리하며 활기를 얻었다.

아침이고 저녁이고 짬 날 때마다 잠깐이라도 걷다 보면 '내가 왜 그동안 이 좋은 것을 안 했던 거지?'라는 생각에 오히려 지난날이 반성이 되었다. 집콕하느라 여기저기 붙어 있던 살도 점점 사라지고 조금씩 원래 체중으로 돌아왔다.

운동은 그 자체로 항 우울제다. 1980년대 이후 우울증 치료에 사용된 운동과 관련된 수백 편의 과학논문이 발표되었다. 이 중 25편에서 다양한 실험을 통해 운동의 효과를 입증하고 있다. 물론 항우울 효과가 나타나려면 지속적인 걷기 운동의 실천은 필수다. 일주일에 세 번, 1회에 30~45분 정도, 6주 이상 지속해야 변화가 생긴다.[1]

일단 용기를 내서 대문을 열고 밖으로 나가는 단계, 즉 '몸을 움직이기'를 어떻게든 시작하는 게 제일 중요하다. 그 다음에 중요한 것은 지속성이다. 하루 이틀 하다가 끝나버릴, 거창하고 무리한 운동 목표가 아닌 부담을 주지 않는 선에서 가볍게 시작

1) 출처 : 안데르스 한센(2018), <움직여라, 당신의 뇌가 젊어진다>, 반니

할 수 있는 활동을 목표로 삼는 것이 좋다. 반복하다 보면 곧 몸이 기억하고, 좋은 습관으로 정착될 것이다. 하루에 10분 걷기, 계단 이용하기, 동네 한 바퀴 돌기, 인근 공원 산책하기, 5분 홈트하기 등 일단 어떻게든 몸을 움직이자. 하다못해 자녀들과 놀이터에 갔을 때 한쪽 구석에서 맨손체조라도 해보면 어떨까?

유튜브, 스마트폰 앱 등 운동과 관련된 콘텐츠들은 차고 넘친다. 최소한 '어떤 운동을 해야 할지 모르겠다'고 핑계대지 말자. 홈트, 다이어트, 스트레칭, 요가 등 원하는 키워드로 검색해 보면 상황별, 시간별, 부위별 갖가지 친절한 홈트 동영상이, 그것도 무료로 있다는 사실.

물론 '엄마'라는 역할을 감당하면서 잠시라도 짬을 낸다는 것이 어려운 일이라는 걸 잘 안다. 하지만 짧은 시간이라도 자신에게 투자해 보자. 자녀가 어려서 24시간 밀착 케어를 하는 상황이라 해도 배우자에게 양해를 구하고 내 시간을 가져야 한다. 최후의 방법으로 만화 찬스라도 사용하면 20~30분은 낼 수 있지 않은가.

하루 10분 운동이 몸에 조금씩 익숙해졌다면 시간이나 횟수를 점점 늘려 가면 된다. 경험상 주 3회, 이틀에 한 번 이렇게 목표를 설정하기보다 그냥 매일 하는 게 더 쉽다. 나는 의지가 약한 사람이라 몸에 쉴 틈을 줘버리면 이대로 계속해서 안 하고 싶은 마음이 들었다. 그래서 아예 매일 고정적으로 운동을 하는 편이 나았다.

날씨가 안 좋거나, 여건이 허락하지 않는 날에는 매트 위에서 홈트를 했다. 일부러 짧은 것으로만 골라서 했다. 힘들어서 중도 포기하느니 대신 짧고 만만한 걸로 하다 보면 큰 부담 없이 이어갈 수 있었다. '어차피 땀도 나고 이왕 하는데 한 개 더 해보자'라는 생각으로 몇 개를 쭉 이어서 운동하고 있는 나를 발견했다. 그리고 작은 운동들이 매일 습관으로 쌓이니 몸도 가뿐해졌다. 기분 탓일지도 모르지만.

걷기가 조금 지루하다면 자전거 타기도 추천한다. 따릉이와 같이 공유 자전거를 이용하면 자전거 구매, 보관, 이동 문제로 골치 아플 일도 없고 비용도 합리적인 수준이다. 한강공원을 달리다 보면 열심히 운동하는 사람들을 보는 것만으로도 신선한 자극이 된다. 아름다운 풍경은 덤이고, 운동하는 주변 사람들의 활기찬 에너지를 고스란히 받는 기분이라 여러모로 이득이다. 작은 가방, 물병, 블루투스 이어폰, 스마트폰, 편한 운동화만 있으면 지구 끝까지도 달려갈 기세다.

처음에는 차가 없었던 날 강제 걷기로 시작된, 차마 운동이라고 하기에도 민망한 수준의 가벼운 산책이 고맙게도 변화의 계기가 되어 주었다. 일상을 지배했던 무기력함에서 벗어나는 길은 생각보다 쉽고 단순했다. 걷기 그리고 햇빛 쬐기. 삶에 활력을 되찾고 싶다면, 이 작지만 위대한 두 가지를 잊지 말기를!

3. 내 상태를 객관적으로 점검하자

너무 바쁘거나 너무 한가하거나, 그 균형을 찾아서

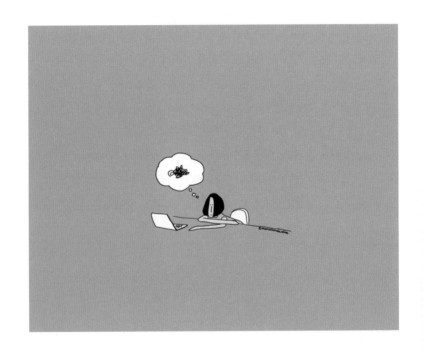

엄마의 삶은 참 다이내믹하다. 아침 시간만 하더라도 어떤가. 식사 준비, 등원, 등교, 출근 준비 등 동시다발적으로 발생하는 일 속에서 진두지휘를 하는 게 바로 엄마의 역할이다. 꼭 바쁠수록 아이는 음료를 시원하게 한바탕 쏟고(그래도 물을 쏟았을 때는 화가 덜 나지만), 머리 스타일과 옷차림으로 투정을 부린다. 형제자매끼리 한바탕 싸움이 붙기도 하고, 남편은 본인이 쓴 차 키의 행방을 꼭 나에게 묻는다. 화장실은 항상 북적이고, 식사를 마치고 본 부엌의 풍경은 그야말로 엉망진창이다.

아침에 한바탕 소란이 드디어 잠잠해진 후, 나만의 쉬는 시간을 가지면 참 좋으련만 개판이 된 집 뒷수습은 기본, 빨래와 설거지가 기다리고 있다. 먹을거리 구매, 각종 잡일 등등 그때부터 또 다른 집안일들이 수두룩하다.

출근하는 엄마들의 경우에도 별반 다르지 않을 것이다. 정신없이 일터에 겨우 도착해서 산더미 같은 일을 처리하느라 혼이 나갈 지경일 것이다. 업무 시간 짬짬이 아이 상태를 점검하고, 학부모 공지사항과 준비물 등을 챙기다 보면 몸이 열 개라도 부족하다. 퇴근시간이 다가올수록 아직 끝내지 못한 업무로 인한 압박감으로 마음이 쫄리고, 저녁 메뉴 걱정에, 퇴근하면 또한 번 한바탕 벌어질 자녀들과의 씨름에 생각만 해도 벌써 어질어질하다.

이처럼 엄마라는 위치 자체가 참으로 극한 직업이다. 몸이 바쁜 건 기본에 정신까지도 분주함에 지배되곤 한다. 이런 일상을 보내다 보면 '내가 대체 무얼 위해 살고 있나' 하는 회의감이 들기도 한다. 티도 안 나는 각종 잔업을 처리하고, 아이들을 챙기고, 먹고 입히고 씻기는 일을 해내다 보면 또 그렇게 허무하게 하루가 끝나 버린다. 그야말로 탈진 직전 상태가 된다.

몸이 바쁘다 보니 정신도 덩달아 바쁜가? 아니면 혼자 있는 시간에는 더욱 격렬하게 아무것도 안 하고 싶은가? 나의 경우에는 둘 다 경험해 보았다. 어느 한 쪽이 더 나쁘다는 문제가 아니라, 명백히 둘 다 문제다. 지나치게 쫓기듯이 바쁜 일상을 보낸다면 과부하가 걸려 언젠가는 방전되기 마련이고, 반대로 시급한 일보다는 매일 반복되는 일상이 주된, 긴장감 없는 일상이라면 매일 똑같은 하루가 지겹고 싫증이 날 것이다. 그 적정선을 찾아 균형 있는 상태를 만들어야 한다.

번아웃 증후군(의욕적으로 일에 몰두하던 사람이 극도의 신체적, 정신적 피로감을 호소하며 무기력해지는 현상)을 겪고 나가떨어지기보다 사전 예방 차원에서 때로는 강제 휴식이 필요하다. 완벽한 엄마, 착한 엄마, 부지런한 엄마가 되어야겠다는 압박감을 내려놓고 미친 척하고 쉬어 보자. 집밥을 고수하는 나도 주말에 한두 끼 정도는 외식을 허용한다. 혹은 반조리 식품, 간편식으로 대충 먹기도 한다.

부엌데기에서 벗어나 잠시 파업을 선언해야 한다. 그래야 엄마인 나도 행복하고, 남편도 행복하고, 자녀들도 행복하다. 외식비가 너무 아깝다고? 이럴 때 쓰려고 버는 것 아닌가. 때로는 비용 절약보다 시간 확보가 더 우선이다.

날씨가 좋다면 주말에는 반나절이라도 집을 떠나서 가족끼리 시간을 보내는 것도 한 방법이다. 여행을 가거나 캠핑을 떠난다면야 더할 나위 없이 좋겠지만, 현실적으로 그마저 쉽지 않다면 만만한 동네 공원으로 출동하는 거다. 그늘막 텐트도 좋고, 캠핑 의자도 좋다. 돗자리 하나만 있어도 괜찮다.

집에 있는 간식거리 몇 개 대충 챙기고 공 하나 들고 가면 아이들도 신나게 논다. 자연을 탐색하고 지나가는 개미도 관찰하고, 마음껏 뛰어다니기도 하며 에너지를 발산한다. (그래야 아이들이 일찍 잔다 = 엄마도 행복해진다) 생각지도 못한 놀잇감을 찾아 상상력을 발휘하며 어떻게든 놀기 마련이다. 박물관이고, 도서관이고, 인근 공원이고 어디든 다 좋다. 일단 집 밖으로 나가본다면 생각이 달라질 것이다. 까르르 웃는 아이들의 웃음소리와 밝은 표정, 이보다 더 행복한 것이 있을까? 행복은 생각보다 가까이에 있음을 발견하게 될 것이다.

신기하게도 집에만 있으면 자꾸 할 일이 생긴다. 이불도 빨 때가 된 것 같고, 커튼도 왠지 세탁소에 맡겨야 할 것 같다. 냉

장고도 냉동실도 마음먹고 한번 싹 치워야 할 것 같고, 아이들 방도 손을 좀 봐야 할 것 같다. 그래서 집에만 머물면 엄마는 여전히 마음이 불편하고 괜히 분주하다. 한두 개라도 마음먹고 실행하다 보면 몸까지 확 피곤해진다. 물론 집안일을 하지 말라는 이야기가 아니다. 급하고 중요한 일이 아니면 적정선에서 끊어 주어야 한다는 뜻이다.

바깥에서 활동하고 돌아오면 오히려 에너지가 생겨 남편과 의기투합해서 짧은 시간에 후다닥 정리를 끝내곤 한다. 한참 걸릴 것 같던 일이 빛의 속도로 해결될 때, 이런 초능력은 어디서 생긴 건지 참 신기한 일이다. 아마도 자녀들과 함께 뒹굴며 가족끼리 쉼을 누리는 동안 긍정적인 에너지가 쌓여서가 아닐까?

또한 청소로부터 오는 스트레스와 육체의 피로를 덜고 싶다면 가전제품의 도움을 받는 것도 좋다. 식기세척기, 로봇청소기, 물걸레 청소기 등 본인의 상황에 맞게 가전제품을 적절하게 활용하는 것도 한 방법이다. 나의 경우 건조기를 영접하고 신세계를 맛보았다. 그동안 건조기 없이 어떻게 살았을까 싶었다.

혹은 청소 전문 업체의 도움을 받는 방법도 있다. 마음의 분주함은 어떻게든 해결한다 치더라도, 육체의 분주함은 자체 해결하는 게 한계가 있었기 때문이다. 엄마들의 형편에 따라 외부 도움을 통해 집안일을 줄이고 여유를 찾는 것도 한 방법이다. 물론 본인이 자체로 업무 강도를 조절을 하는 것도 필요하다.

몇 년 전 치열했던 대학원 재학 시절을 떠올려 보면 학업과 육아, 살림을 병행하는 것이 생각보다 만만치 않았었다. 화장실 청소, 다림질과 같은 사소한 일로 남편과 싸우게 되고, 서로 날카로워지다 보니 이건 아니다 싶은 생각이 들었다.

그래서 학기 중에 지키고자 하는 몇 가지 원칙을 세웠다. 일단 다림질의 경우, 아이들이 10시 넘어서까지 잠들지 않으면 남편이 직접 할 것, 한여름인 7~8월에는 세탁소에 맡길 것. 그리고 기타 집안일은 2주에 한 번, 그러니까 한 달에 두 번 반나절 동안 가사도우미의 도움을 받을 것.

이러한 원칙을 통해 서로의 정신건강을 지키고, 밀린 집안일을 해결함으로 마음의 부담감을 덜어냈다. 이렇게 말하면 우리 집이 경제적으로 여유가 있다고 오해하거나 엄마가 게으른 것 아닌가 라고 생각할 수도 있겠다. 하지만 빠듯한 살림살이인데

다가 나름 쓸고 닦기를 좋아하는 사람이었음에도 불구하고 당시에는 도저히 방법이 없었다. 학업과 모든 집안일을 무리하게 감당하며 몸도 마음도 다 상하기보다 딱 졸업 전까지만 한시적으로 비용을 들여 시간과 에너지를 확보하기로 했다. 나로서는 최선의 선택이었고 지금도 매우 잘한 일이라 생각한다.

물론 학업을 마친 후에는 살림과 집안일은 대부분 내 힘으로 자체 해결한다. 대신 힘을 빼고 좀 대충 살고 있다. 원래 꽤 깔끔 떠는 성격이었지만 아이들을 키우며 생각이 많이 바뀌었다. 덜 깨끗해도, 덜 치워도 사는 데 별 차이가 없어서다.

청소기는 매일 돌리지만 걸레질은 며칠에 한 번씩 한다. 먼지가 쌓여 있는 구석구석도 그냥 참고 살다가 도저히 안 되겠다 싶을 때 한 번에 몰아서 어지간히 처리하고 만다. 어차피 또 더러워질 테니까 열과 성의를 다하지는 않는다.

애들 마음껏 어지르게 하고, 너무 심하다 싶을 때는 중간에 큰 장난감 몇 개는 정리하도록 이야기해 준다. 그리고 잠들기 전에 한꺼번에 몰아서 싹 정리한다. 당연히 아이들 스스로 치운다. 마치 도를 닦는 심정으로 마음에 여유를 갖는 훈련을 하다 보니 아이들을 이전보다 덜 다그치게 되었다.

때로는 설거지를 하루쯤은 과감하게 넘겨 버리고 본인의 쉼을 선택하는 배짱을 부려보는 건 어떨까? 안타깝게도 나는 이런 용기가 없었다. 특히 아이들이 어렸을 때 만신창이가 된 몸으로 꾸역꾸역 설거지를 다 마치고 나서야 피곤한 몸을 이끌고 늦게서야 잠이 들었던 날이 부지기수였다. 그리고 당연히 그렇게 해야만 한다고 생각했다.

하지만 내 주변에 워라밸(Work—Life Balance)을 지혜롭게 추구하는 한 지인은 나와 달랐다. 너무 피곤하거나 죽도록 하기 싫을 때는, 과감히 눈 딱 감고 잠시 집안일을 접어두고 그 시간에 본인을 위해 시간을 할애한다고 했다. 예를 들어 아이들이 잠들자마자 드라마를 한 편 꿀같이 재미있게 시청한다던가, 남편과 함께 좋아하는 야식을 먹는 다소 건전한 일탈로 말이다. 육아에 찌들어 있느라 지친 심신을 자신만의 방법으로 쉼을 확보하고, 건강하게 스트레스를 해소하며 에너지를 충전하고 있었던 것이다.

그렇다면 밀린 집안일은? 다음 날 아침 한결 가뿐해진 마음으로 기분 좋게 얼른 해치운다고 대답했다. 때로는 삶의 여유와 자신의 쉼을 선택하는 지인을 보며 많은 것을 느꼈다. 말끔하게 집안 구석구석을 정리하고, 먼지 한 톨 없이 청결을 유지하는 것만이 최선이 아님을 깨달았다. 물론 깨끗하게 정돈된 집은 중요하지만 최소한 365일 매일 그럴 필요는 없지 않은가. 이후로 정리에 대한 강박증을 내려놓고, 힘을 좀 빼기로 다짐했다. 그랬더니 조급했던 마음이 이전보다 훨씬 편안해졌다.

지금까지는 바쁜 몸과 심리상태를 안정시키는 방법을 생각해 보았다면 이번에는 반대로 너무 느슨해진 상태를 적절한 긴장상태로 끌어올리는 방법을 이야기하고자 한다.

첫째, 하루 일과를 살펴보며 목표를 정하고 적정선의 마감시간을 정해 놓는 일이다. 그래야 효율성이 극대화되고 어떻게든 빨리 끝낼 수 있다.

종이나 메모 보드에 적어 봐도 좋고, 스마트폰 앱을 사용해도 좋다. 해야 할 일을 장단기로 나누고, 급한 일과 중요한 일에 따라 우선순위를 나눠 본다. 그리고 오늘 내로 꼭 처리할 일을 추려 본다.

나의 경우 식단을 짤 때도 메모를 한다. 식재료 상태에 따라 (유통기한이 임박한 식재료 우선) 먼저는 오늘 아침, 점심, 저녁 메뉴를 짜고 그 후로는 이번 주 안에 먹어야 할 재료들로 할 수 있는 요리를 빈 공간에 적어 놓는다. 이렇게 하면 식재료가 상해서 버리는 일도 없고, 중복으로 구매하는 일도 없다.

해야 할 일을 하나 둘씩 점검하며 진행 상태를 파악하면 성취감을 느끼기도 하고 자기반성이 되기도 한다. '오늘 많은 일을 해치웠네.'라는 생각에 뿌듯함을 느끼거나 반대로 '오늘 쇼핑하느라 시간을 너무 많이 빼앗겼네. 아직 처리하지 못한 일

이 태반이구나. 좀 더 시간을 아껴 써야지.' 하고 반성하며 마음을 다잡게 된다.

일상적인 일조차 마감 시간을 정해 놓는 것이 과도하게 느껴질 수도 있지만, 그래야 긴장감이 생긴다. 티비를 보며 빨래를 개면 속도가 더딜 수밖에 없다. 그 재미있는 장면을 놓치고 싶은 사람이 과연 누가 있을까. 그래서 집안일을 하든, 개인적인 일을 처리하든 '오전 11시까지', '30분 안에', '이번 주까지' 등의 목표 설정을 습관화하고 있다. 그러다 보니 일에 속도가 붙고, 동선이 줄고, 더 효율적으로 단시간에 처리하기 위한 아이디어가 샘솟는다.

둘째, 작은 일이라도 몰입해서 푹 빠져 보는 경험이다. 자녀가 색종이 접기에 한창 열을 올렸을 때, 나도 덩달아 같이 참여하게 된 적이 있다. 처음에는 학교 숙제를 하는 중 나에게 도움을 청해서 마지못해 시작했지만, 종이접기를 하면 할수록 생각보다 재미있었다. 어릴 적 삼각, 사각, 오각형 상자 접기를 좋아했던 것이 떠올라 종이접기 책을 뒤져 가며 아이들과 같이 접어 보았다. 다 완성했을 때 참으로 오랜만에 느끼는 성취감이 오히려 낯설게 느껴졌다.

작은 아이는 자기가 고른 색깔로 나와 함께 상자 종이접기를 겨우 완성했다. 상자를 손에 꼭 쥐고 너무 마음에 든다며 감탄을 쏟아냈고, 첫째 아이는 반에서 열릴 아나바다 장터에 가져가겠다며 한껏 신나는 모습이었다. 실제로도 우리가 같이 접은 종이상자는 인기 품목으로 친구들에게 꽤 주목을 받았다고 했다. 괜히 어깨가 으쓱해졌다. 곧 마흔이 되는 나이에 종이접기로 이렇게 성취감을 느낄 일이었던가? 한편으로 조금 웃기기도 했지만 기억을 더듬어 과거에 내가 좋아했던 활동을 자녀들과 함께 푹 빠져 몰입했던 경험은 참으로 가치가 있었다.

몰입은 쉽지는 않은, 그렇다고 또 아주 버겁지도 않은 과제를 극복하기 위해 한 사람이 자신의 실력을 쏟아 부을 때 나타나는 현상이다. 단조로운 일상에서 벗어나 강렬한 삶을 살 수 있는 원동력이 되어주는 것이 바로 몰입인 것이다.[1]

몰입의 유익을 경험하고 난 후 아이들이 뭔가를 할 때 웬만하면 같이 참여했다. 피아노를 배울 때 같이 피아노를 치고, 그림을 그리고 물감으로 색칠을 할 때 나도 똑같이 몰두해서 나만의 작품을 완성시켰다. 줄넘기를 할 때면 같이 줄넘기를 하

---

1) 출처 : 미하이 칙센트미하이(2010), <몰입의 즐거움>, 해냄출판사

고, 농구 연습을 할 때는 같이 드리블과 슛 연습을 했다.

　다행히 아직까지는 자녀들보다는 엄마의 실력이 우월하기에 늘 아이들의 환호를 받았다. 게다가 존경의 눈빛은 덤이었다. 은근히 해볼 만한 일이었다. 그렇게 본의 아니게 취미생활이 늘어나다 보니 내가 무얼 좋아했었는지, 어떤 일을 할 때 흥미를 느끼는지 조금이나마 파악이 되었다. 아이들 덕분에 한동안 잊고 있던 성취감이 살아났다. 이런 활동이 삶에 활력이 되어 주었음은 당연한 결과였다.

　셋째, 마음이 맞는 사람과 함께 소그룹으로 같이 취미 활동을 하거나 그룹 스터디를 하는 것이다. 단, 모임의 취지를 살리려면 모임의 성격을 명확하게 하고 시작과 끝나는 시간을 설정하고 잘 지키는 것이 포인트다. 자주 모이다 보면 신변잡기 이야기, 신세 한탄, 자녀 비교 등으로 이어지는 게 대부분이라 반드시 모임의 목적을 기억하고 중심을 잘 잡아야 한다.

　나 같은 경우 교회 목장 사람들을 중심으로 성경통독을 했었다. 7~8월 방학 동안 단타로 하는 거라 큰 부담이 없기도 했고, 따로 오프라인 모임 없이 단톡방 채팅으로만 운영이 되었기에 시간적인 면에서 효율적이었다. 또한 '신약성경 읽기'라는 목적성이 뚜렷해서 매우 성공적이었다.

물론 그 전에 혼자서 해 본 적도 있다. 그때는 방해요소가 어찌나 많던지, 그날 읽어야 할 분량을 내일로 슬쩍 미루기가 일쑤였다. 하지만 소그룹에서는 매일 정해진 시간과 목표가 있었고 서로 격려해 주는 분위기였다. 와닿는 내용이 있으면 함께 나눌 수 있다 보니 은근히 재미있었다. 처음에는 도저히 성취할 수 없을 것같이 보였지만, 동일한 목표를 가진 사람들과 함께였을 때는 상황이 달랐다. 때로는 쭉쭉 진도를 나가는 구성원들을 보며 자극을 받고 부지런히 다시 속도를 냈다. 서로 밀어주고 끌어주고 하다 보니 결국 통독 완주를 해냈고, 그때의 기쁨은 말할 수 없이 컸다.

물론 매일 짧게는 10분, 길게는 30분씩 소요되어 처음에는 부담스럽기도 했다. 잠이 쏟아지는 저녁시간에 아이들을 재우고 그대로 나도 뻗어 버리고 싶은 마음이 굴뚝같았지만 피곤한 몸을 일으켜서 억지로 다시 책상에 앉았다.

적절한 압박감을 가지고 생활하다 보니 오히려 이런 긴장감이 나를 활기차게 만들어 주었다. '성경 읽기'라는 중요한 과제를 우선순위에 놓으니 점차 일상이 개편되고, 질서가 잡혔다. 티비를 보거나 목적 없이 인터넷 뉴스를 뒤적이는 등 불필요한 시간들이 이전에 비해 확연히 줄어들었다.

예전 같았으면 원하는 물건을 찾는다며 가격, 브랜드, 디자인까지 비교하며 한참 고민하며 시간을 보냈겠지만, 이제는 시간을 확보해야 한다는 목적이 생기니 적정선에서 빠르게 물건을 구매하고 끝내 버렸다. '시간이 없어서 못한다'가 아니라 시간은 얼마든지 낼 수 있는 일이었다.

이때 적절한 스트레스가 일상에 에너지를 준다는 것을 경험했다. 그리고 공동의 힘으로 함께 목적을 달성하는 일을 통해 짜릿함을 체험했다. 꼭 종교적인 모임이 아니어도 상관 없다. 독서 모임, 영어 공부 모임 등 상황과 관심사에 따라 선택하면 된다. 이처럼 나의 일상을 점검해 보고 문제점을 찾아야 삶의 변화가 생긴다.

정리해 보자면,

분주한 일상에 함몰되거나, 혹은 긴장감 없이 반복되는 일상에서 빠져나와 균형 있는 상태를 찾을 것

강제 휴식이 필요한 경우,

- ○ 반나절이라도 집을 떠나서 가족끼리
  색다른 시간을 보낼 것
- ○ 스스로의 힘으로 극복하기 한계가 있다면,
  외부 도움을 적극 활용할 것

느슨해진 상태를 끌어올려야 할 경우,

- ○ 일상에서도 목표와 마감 시간을 정할 것
- ○ 작은 일이라도 몰입해서 푹 빠져 보는 경험을 해 볼 것
- ○ 적당한 압박감을 유지하는 활동을 통해 활기를 얻을 것

4. 버리고 또 버리자

살림살이도, 대인관계도 가지치기가 필요한 순간

하루 중 대부분의 시간을 보내는 집의 정돈 상태는 어떠한 가? 지나치게 많은 물건으로 둘러싸여 있는 건 아닌지, 너저분한 상태로 정신을 흩트려 놓는 건 아닌지 점검해 보자. 집이 좁다는 이유로, 아이들이 어려서 어쩔 수 없다는 등의 이유로 정리에 손을 놓고 있는 건 아닌지 말이다.

평소 소비 습관이 어떠한지도 짚어 보자. 저렴한 가격에 혹해서 지나치게 대량 구매를 하고 창고에 쟁여둔다거나, 필요가 아닌 욕구에 의해 습관적인 쇼핑을 하고 있지는 않은지? 아무리 소비를 해도 허전한 마음은 채워지지 않는다. 여전히 공허할 뿐이다. 정작 마음이 풍요로워야 하는데 말이다.

정리와 소비, 이게 엄마의 무기력과 우울감에 무슨 상관이 있을까? 뜬금없이 정리정돈과 소비습관을 왜 연관을 짓는지 어리둥절한 이들을 위해 쉽게 설명해 보자면 '집은 가장 오래 머무는 공간인 만큼, 정서적으로 가장 많은 영향을 받는 곳'이기 때문이다.

정신은 환경에 영향을 받기 마련이다. 대부분의 시간을 집에서 보내고 있고, 이런 집을 채우고 있는 다양한 물건들에 지배를 받는 건 당연한 일이다. 이렇게 중요한 공간에 무절제한 소비로 물건들이 차고 넘치고 있다면 당연히 정신도 산만해지지 않을까?

  또한 소유욕을 내려놓아야 삶이 정돈될 수 있음은 두말하면 잔소리다. 하나둘씩 물건이 쌓이고 그 속에서 허우적거리다 보면 정리하는 일에 스트레스를 받고, 어느 순간 정리를 포기하고 그대로 방치하게 된다. 참 안타까운 악순환이다. 이 얼마나 지혜롭지 못한 일인가.

  풍족한 시대에 살고 있는 우리가 고쳐야 할 점은 바로 큰 고민 없이 쉽게 소비하는 태도이다. 스마트폰으로 손가락 몇 번만 까딱하면 집으로 원하는 물건이 도착하는 참 편하고도 신기한 세상, 그야말로 '소비를 권하는 사회'인 셈이다.

나의 경우를 돌아보면 수납공간이 부족했음에도 불구하고 마음에 드는 그릇을 보면 자꾸만 집에 들였다. 아이들 옷이나 신발 등 이미 풍족했지만 예쁜 디자인을 보면 열심히 구매하기 바빴고, 여러 가지 핑계를 대며 소비를 합리화했다. 결국 쓰는 그릇만 주로 쓰고 있고, 입는 옷만 주로 입게 된다는 걸 깨닫고 나서야 지금까지의 소비를 되돌아보게 되었다. 무분별한 소비를 해 온 나 자신이 참 부끄러웠다.

막상 여행을 가면 텅 빈 숙소에서 최소한의 생필품과 옷가지만으로도 이틀이고 삼 일이고 너끈히 버티게 되지 않던가? 집에는 온통 불필요한 것들 투성이였다. '당장 비워야겠다'는 생각이 들었다. 부엌 찬장에 숨어 있던 식료품 재고는 물론이고, 창고 속에 켜켜이 쌓여 있던 생필품, 그리고 몇 번 쓰지도 않으면서 종류별로 다 가지고 있는 화장품, 일 년에 고작 한두 번밖에 안 입지만 비싼 돈 들여 산 거라 아까운 마음에 지금까지 붙들고 있던 옷들… 정리할 것들이 태반이었다.

결국은 쓰레기통으로 갈 물건들에 나는 왜 이렇게 공을 들였을까? 이처럼 무가치한 소비를 왜 끊어내지 못했을까?

아이들 장난감도 마찬가지였다. 막상 새로운 장난감을 사주면 그때뿐이고 다시 꺼내 보지 않았다. 보드게임도 다양하게 사줬는데 집중해서 가지고 노는 시간은 잠깐이었고, 아이들은 금방 싫증을 냈다. 레고블록처럼 다양하게 만들 수 있어 지속적으로 가지고 놀 수 있는 똑똑한 장난감은 얼마 되지 않았다.

오히려 실컷 그림을 그리라고 준 이면지를 가장 좋아했다. 종이에 실컷 끼적이며 오리고 자르고 붙이며 놀았다. 재활용품인 박스나 플라스틱 통을 주면 풀과 테이프를 활용해 악기를 만들고, 건물을 만들었다. 심지어 농구 경기장도 만드는 등 평소 관심 있던 주제를 확장시키고 자신들만의 세계에 푹 빠져 만들기에 몰두했다. 정말이지 시간 가는 줄 모르고 신나게 놀았다. 물론 이 또한 계속 쌓이면 결국 쓰레기가 되니 실컷 놀게 한 후, 사진으로 남겨두고 정기적으로 정리를 하고 있다.

무소유를 실천하는 삶은 반드시 필요하다. 이를 위해서는 아래와 같이 생활 습관을 완전히 바꿔야 한다.
• 받지 않는다 • 사지 않는다 • 비축해 두지 않는다
• 버린다 • 대용(代用)한다 • 빌린다 • 없이 지낸다[1]

---

1) 출처 : 카네코 유키코(2013), <적게 소유하며 살기>, (주)부즈펌

이런 습관을 통해 지금까지의 소비 태도를 반성하고, 점차적으로 지혜롭게 소비 패턴을 바꿔나갈 수 있을 것이다. 적게 소유하면 집도 깔끔해지고 정리 정돈도 수월해진다. 자연히 집은 세상에서 가장 마음이 편한 장소가 될 수 있다.

애나 어른이나 새로운 물건이 필요한 것이 아니다.
현재 가지고 있는 것을 소중하게 여기고
꼭 필요한 것 위주로 최소한만 남겨둔다면
정리하기도 한결 쉽다.

그렇게 심플한 삶을 살아보면 행복해진다.
자꾸 버리고 또 버리면서
집착했던 마음도 훌훌 털어버리고
시원하게 비울 수 있다.

정리는 습관이다. '언제 하루 날 잡아서 싹 정리해야지'라고 마음을 먹는다면 자꾸 미루게 된다. 한번에 몰아서 정리하는 것보다 하루에 딱 15분, 그러니까 하루 24시간의 1%만 정리에 시간을 투자한다면 훨씬 효율적이다.

정리를 통해 그동안 쓸데없이 낭비되던 돈, 시간, 에너지를 절약할 수 있다. 그뿐 아니라 마음의 여유, 실행력, 창조력, 그리고 새로운 기회가 생긴다. 열심히 비우고 나눈 자리에는 이제 진짜 소중한 것으로 채우면 된다.[2)]

미니멀 라이프, 심플 라이프를 지향하겠다고 결심한 후 정말 실컷 원 없이 버렸다. 버리면서 이렇게도 많은 불필요한 짐들과 동거하고 있었음에 깜짝 놀랐다. 물론 상태가 좋은 것들은 주변 사람들에게 나눠주기도 했다. 처치가 곤란하다면 당근 마켓과 같이 중고거래 사이트에 무료 나눔을 하는 것도 방법이다. 글을 올리기가 무섭게 필요한 사람이 나타나 잽싸게 낚아채 간다.

또한 자녀들도 정리에 동참시켜 보자. 우리집 정리를 할 때도 아직 어려서 방해만 될 것이라는 내 판단이 무색할 만큼 아이들도 버리는 일에 열심히 참여했다. 물론 그전에 현명한 소비에 대해 자세하게 이야기를 나누고, 왜 버려야 하는지, 왜 정리를 해야 하는지 인식시켜 주는 사전작업을 하는 게 좋다. 아이들은 기특하게도 엄마의 의견을 잘 따라주었다. 그리고 주변 동생에게 물려줄 것, 계속 가지고 놀 것, 버릴 것으로 장남감과 옷

---

2) 출처 : 윤선현(2012), <하루 15분 정리의 힘>, 위즈덤하우스

을 제법 잘 구분해 주었다. 너저분하던 장난감 방이 정리가 되고 물리적으로 여유 공간이 생기니 아이들도 신나 했다.

그리고 이때 기억해야 할 점은, 버리는 기준 못지않게 구매하는 기준 또한 잘 정해야 한다. 집 안에 쌓아 두는 물건에 대해 한 번쯤 짚고 넘어가 보자는 이야기다. 물론 적정 수준으로 여분을 유지해야 하지만 배송비를 아끼려고, 혹은 1+1이라 안 사면 손해인 것 같아서 덜컥 구매한다면 분명 나중에 후회할 게 뻔하다.

당장 급한 생필품이 아닌 이상, 바로 결제하지 말고 일단 장바구니에 담아둔다. 이 물건이 정말 필요한지 며칠 동안 고민해보고 확신이 들 때까지 말이다. 그러다 보면 절반 이상은 결국은 없어도 괜찮다는 결론이 난다. 그럼에도 반드시 사야 한다고 판단되는 물건은 최저가를 찾는 데만 열을 올리지 않는다. 튼튼하고, 내 마음에 쏙 드는 사양을 골라야 선택에 후회도 없고 오래 쓴다. 물론 새 제품보다는 중고제품을 찾는 게 우선순위다.

몇 년 전, 세탁조클리너를 구매하려고 했을 때의 일이다. 배송비가 붙기에 괜히 아깝다는 마음에 무료배송 금액에 맞춰 여러 개를 한꺼번에 샀다. 그런데 한 통을 사용하는 데 한두 달이 걸렸고, 결국은 1년이 지나도 박스에 한참 남아 있는 세탁조클리너를 보며 헛웃음이 나왔다. 홈쇼핑에서 두루마리 휴지가 저렴하다고 박스째 구매한 적도 있는데 부피가 커서 보관하느라 애를 먹었다. 또한 집에 방문하는 손님마다 하필 두루마리 휴지를 사오는 바람에 재고가 창고에 가득 쌓여 난감하기도 했다.

당장 금액적으로 이익이라고 생각한 행동이었으나 창고 자리만 차지하고 있을 뿐이었다. 이렇게 몇 번의 처절한 실패 경험을 거쳐 나름의 구매 기준을 세웠다.

미니멀 라이프를 위한 '구매 기준'

○ 생필품은 한 달 정도 사용할 분량만 구매하기

○ 식재료는 다 떨어지기 직전 혹은 최대 1주일 전에 사기

○ 화장품은 20% 이상 저렴하지 않다면 하나씩 구매하기

이와 같이 세부적인 나만의 기준을 세웠다. 물론 소포장이 더 비싸더라도, 배송비가 들더라도 지금까지의 경험상 여러 모로 볼 때 훨씬 나은 선택이었다. 덕분에 우리 집의 수납공간은 절대로 꽉 차지 않는다. 오히려 적정 재고를 유지하는 습관과 주기적인 비우기 덕분에 서랍장도 창고도 늘 여유 있다.

또 하나, 비단 물건만이 정리 대상이 아니다. 대인관계에도 대대적인 정리가 필요하다. 엄마들 모임, 동창 모임 등 그룹에서 빠진다고 한들 생각했던 것만큼 큰일이 절대 벌어지지 않는다. 우려했던 모습이 오히려 민망할 수도 있다. 정보가 딸려서 뒤처지지는 않을까, 그래도 중요한 인맥을 잃지 않을까 고민되겠지만 전혀 망설일 가치가 없다고 자신 있게 이야기해 주고 싶다.

학부모 카톡방에 대화들이 쌓이고, 못 읽은 대화를 따라가다 보면 피로감만 쌓인다. 확인된 사실이 아닌 추측성 정보들로 분위기가 뒤숭숭해지면 괜한 걱정만 늘어난다. 이럴 때는 선생님께 직접 물어보는 게 낫다. 그리고 학교에 불만이 있다면 운영위원이나 학부모회에서 활동하며 나의 목소리를 내는 것도 방법이다. 사실 위주의 정보를 제대로 파악할 수도 있고 건설적인 의견을 내놓으며 학교 발전에 이바지하는 편이 단톡방에서 전전긍긍하며 답답해하는 것보다 백 배 낫다.

자녀와 관련된 정보성 그룹 외에도 친구들 혹은 가까운 지인들과 만든 단톡방에 오고가는 대화가 너무 재미있어서 푹 빠지는 경우도 있다. 사실 이런 경우가 더 무섭다. 하루 종일 시시콜콜한 이야기를 나누고 농담을 주고받다 보면 시간이 훌쩍 간다.

수많은 단톡방도 최대한 줄이고, 과감하게 정리하기를 강력하게 권한다. 가족들과의 대화 또한 과한 건 아닌지 돌아봐야 한다.

눈에 띄지는 않지만 줄줄 새어 나가는 귀한 시간과 에너지를 아끼고 나에게 집중하는 시간을 늘려야 한다. 생산적인 소그룹, 마음이 맞는 몇 명의 지인만으로도 충분하다. 이들만으로도 충분히 아름답게 인생을 꾸려 나갈 수 있다.

5. 건강 문제를 파악하고 개선하자

그토록 애정하던 커피를 과감하게 끊고 일어난
놀라운 선순환

'건강관리'는 비단 나이 든 어르신만의 문제가 아니다. '이 정도면 건강하지 뭐', '아직 괜찮은데 뭘 굳이'라는 착각을 깨는 것부터 시작해야 한다. 건강은 한 번 무너지면 다시 되돌리기에 상당한 시간과 비용이 수반된다. 순식간에 걷잡을 수 없이 악화되는 경우도 주변에서 종종 목격했다. 물론 건강을 잃을 경우 본인이 가장 힘들지만, 가족들에게도 큰 짐을 지우게 된다. 그러기에 평소에 건강을 잘 챙겨야 한다.

적정량의 건강보조제 구매, 추적 검사비 등을 아까워하지 말고 제 때 잘 사용해야 하는 편이 훨씬 이득이다. 또한 국가 건강검진도 잘 활용해야 한다. 물론 나의 경우 미루고 미루다가 12월 말이 되어서야 부랴부랴 병원에 간 적이 더 많지만 말이다.

어쨌거나 아이 키우느라 망가진 내 몸을 제때 돌아보지 못하고 살다 보니 소화가 잘 안 되어도, 만성피로에 절어 살아도, 몸살 약을 달고 살아도 그러려니 했다. 운동의 필요성은 누구보다 잘 알지만 막상 잘 실천하지 못했다. 당장 쉬고 싶은 마음이 앞서 '나중에, 언젠가는 시작할 거야'라며 한없이 미뤘다. 아직은 젊으니까 버틸 수 있다는 무모한 자신감으로 건강관리는 늘 뒷전인 채 몇 년을 보냈다. 피곤할 때면 당연하게도 커피

한 잔 마시며 카페인의 힘으로 버텼다. 임시방편에 불과하다는 걸 알면서도 말이다.

큰 질병이 생겨 당장 입원해야 할 상태는 아니어서 한편으로 다행이었지만, 그에 못지않게 건강이 점차 악화되고 있었다. 어떻게 보면 가랑비에 옷 젖는 줄 모르고 살아온 셈이다. 설거지나 요리를 하느라 서 있는 시간이 많을 때면 어느 순간부터 다리가 너무 아팠다. 파스를 붙이고, 마사지를 하는 정도로 대충 넘어가려 했으나 세월이 지날수록 통증은 더욱 심해졌다. 심한 날은 밤에 자려고 누웠는데 다리 통증이 너무 심해서 쉽게 잠들 수 없을 정도였다.

건강이 나빠지자 매사에 의욕이 없어지고 우울한 기분이 들며 의기소침해졌다. 일상에 점점 영향을 받을 정도로 상태는 걷잡을 수 없이 나빠졌다. 아무래도 안 되겠어서 부랴부랴 정보를 찾아 보았다. 어쩌면 병명이 '하지정맥류'일 수 있겠다는 생각이 들었다. 하지만 사태의 심각성을 충분히 인지했음에도 막상 병원 진료를 행동으로 옮기는 데는 몇 달이 걸렸다. 물리적인 거리나 치료비 같은 현실적인 난관도 있었지만, '이러다 낫겠지, 굳이 병원까지 갈 일인가'라는 안일함과 부족한 의지가 가장 큰 문제였다. 아니나 다를까, 진단 결과 혈관이 역류해서 통증이 발생하는 '하지정맥류'라는 진단을 받았다.

다행히도 비교적 경증인 상태라 간단한 주사 시술로 해결되었다. 그동안 육체적으로 정신적으로 그토록 힘들게 하던 다리 통증이 순식간에 사라졌다. 어이없게도 단 10분이면 끝나는 시술로 말이다. 물론 비용은 사악했지만, 삶의 질 개선을 위해 충분히 지불할 만한 아깝지 않은 금액이었다. 이렇게 쉽게 고칠 수 있는 병을 가지고 몇 달을 끙끙 앓았다니, 허무했다. 상태가 호전되니 일상생활에 활기를 되찾았음은 두말하면 잔소리.

또 하나, 결혼 전 오랫동안 나를 괴롭히던 역류성 식도염이

완치되었다고 믿었는데 다시 재발하고 말았다. 이번에는 목소리까지 영향을 미쳤다. 정확한 병명은 '만성인후두염'. 코로나19로 온라인 수업에, 어린이집 휴원에, 남편 재택근무까지 삼중고가 겹치며 도저히 몸을 쉴 수가 없는 상황이 되었다. 목 상태는 점점 최악으로 치닫고 있었다.

과거에도 만성 피로가 지속되면 쉰 목소리가 한두 달 지속되다 괜찮아졌다를 반복해 왔던 터라 이번에도 그러려니 했다. 하지만 이번에는 상황이 더 심각했다. 이비인후과의 문턱이 닳도록 수시로 치료를 받으며 관리하고, 약도 꾸준히 복용했음에도 차도가 없었다. 이 정도의 노력과 성실성이면 분명 착실한 A급 환자였을 텐데 말이다. 무려 6개월 이상 통증을 수반한 증세가 계속되었고, 절망스럽게도 성대 결절까지 관찰되었다. 전문가의 도움을 받았지만 내 상태는 나아질 기미가 보이지 않았다.

인후두염의 치료법은 사실 간단하다. 말을 안 하고 목을 안 쓰면 며칠 내로 금세 낫는 병이다. 하지만 엄마라는 특성상, 게다가 코로나19로 온 가족이 24시간 붙어 있는 상황에서는 불가능한 일이었다. 스트레스가 점점 심해지고 나도 모르는 사이에 심리적으로도 극도로 민감해졌다.

'만약 이 상태가 영영 지속된다면?' 막연한 불안감에 무기력함과 우울감이 밀려왔다. 크게 차도가 없으니 결국은 병원 측에서 먼저 치료 중단을 선언했다. 대학 병원에 가서 정밀 검사를 해보고 음성치료를 전문으로 하는 병원에서 재활 치료를 시작해 보라는 거였다.

이런 권면을 받았을 때, 정말이지 하늘이 무너지는 기분이었다. 그동안 치료를 위해 간절한 마음으로 약도 꼬박꼬박 챙겨먹고 병원 진료도 빠지지 않고 꾸준히 다녔는데, 이러한 노력이 아무 소용이 없었단 말인가. 좌절감의 연속이었다.

가뜩이나 심리적으로 잔뜩 위축되어 있던 상황에서 이러한 건강 이슈는 참으로 치명적이었다. 이 지긋지긋한 고질병 만성 인후두염에서 어떻게 탈출한단 말인가! 막막한 심정을 주체할 수가 없었다. 도대체 후속 조치를 어떻게 해야 할지 모르겠고 머리가 멍해지는 기분이었다.

겨우 마음을 진정시키고 최대한 이성적으로 상황을 분석해 봤다. 일단은 꽤 오랜 기간 약을 먹었기에, 내성이 생겼을 것 같은 염려가 들어 약 복용을 중단해 보기로 했다. 그리고 고민

끝에 당장 생활 속에서 쉽게 실천할 수 있는 일 두 가지를 선정
하고 바로 실행에 옮겼다.

- **식사량 반으로 줄이기**
- **커피 끊기**

지푸라기라도 잡는 심정으로 당시로서는 최후의 수단을 가
동한 셈이었다. 먹는 양을 조절하는 것은 그래도 해볼 만했지
만 그토록 애정하던 커피를 줄이는 것도 아닌, 하루아침에 끊
는 일은 쉽지 않았다.

건강 회복이 절실했기에 초기에는 금연이나 금주하는 사람들
보다 더 비장한 태도로 도전했다. 하지만 참 바보 같게도 그동
안 사들인 커피용품들이 아까워서 슬슬 본전 생각이 났다. '디
카페인은 괜찮지 않을까'라는 생각에, 다시 슬금슬금 디카페인
커피로 갈아타고 있었다. 당연히 목 상태는 여전했다, 아니 소
화도 안 되고 목이 답답한 이물감이 드는 등 더 심각해졌다.

이쯤 되니 사생결단이 필요했다. 디카페인이고 뭐고 아예 커
피를 끊어 보기로 결심했다. 견물생심이라 했던가, 커피를 볼

때마다 자꾸만 마시고 싶다는 생각이 간절해서 집에 있는 커피를 전부 처분했다.

습관적으로 마시고 있던 커피가 나의 건강을 해치고 있었음을 깨닫는 데는 그리 오리 걸리지 않았다. 커피를 완전히 끊고 나니 목소리가 점점 회복되고 목의 이물감도 확연히 줄었다. 또한 소화기능도 점점 제 자리로 돌아왔다. 밀가루를 먹어도, 매운 음식을 먹어도, 심지어 레몬과 같이 산성 식품을 먹어도 괜찮았다. 실로 놀라운 변화였다(물론 지금도 자극적인 음식은 최대한 자제하고 안 먹으려 애쓰고 있다.).

또한 커피를 끊는 것 못지않게 적은 양을 그리고 천천히 먹는 것이 매우 중요한 식습관임을 알게 되었다. 그동안 불편했던 증상들이 점차 개선되기 시작했다. 이제는 아무리 좋아하는 음식이 있어도 절대 무리해서 많이 먹지 않는다. 딱 기분 좋을 만큼만 적당량을 먹는다. 그리고 커피 대신 차를 마시며 마음도 다스리고, 여전히 남아 있는 커피에 대한 허전함도 달랜다.

죽어도 포기 못하겠다고 끝까지 붙들고 있던 '커피'라는 욕심을 내려놓으니 얻은 게 훨씬 많았다. 소화가 잘되니 어떤 음식을 먹어도 기분이 좋았다. 잃어버렸던 입맛을 되찾은 것만으로도 상당 부분 우울감에서 벗어날 수 있었다.

그동안 병원에 다니며 약을 먹는 등 비용과 시간을 들여 전문가에게 치료받으려고 노력한 것에 비해 별거 아니라고 생각될 만큼 일상에서 작은 실천을 했을 뿐인데 결과는 놀라웠다. 단지 식생활 습관에 변화를 주었을 뿐이었지만 결론적으로는 마치 나비효과처럼 삶에 커다란 변화가 찾아왔다.

우울한 감정이 서서히 사라지니 무기력했던 이전과는 달리 뭐라도 도전해 보고 싶은 의욕이 생겼다. 이왕 찾은 건강, 더 좋은 상태로 끌어올리고 싶다는 생각도 들었다. 자연스레 누가 시키지 않아도 운동을 시작했다. 그동안 나를 감싸던 부정적인 기운이 서서히 달아나고 있었다.

'커피 한 잔'이라는 당장의 즐거움을 포기했지만
삶의 전 영역에서 긍정적인 선순환이 일어나기 시작했다.

나의 경우에는, 음식 조절을 통해 쉰 목소리에서 벗어나 원래 목소리를 기필코 찾아내고 싶다는 단기적인 목표와 건강 회복을 통해 우울한 감정과 무기력한 상태를 벗어나고자 하는 장기적인 목표가 있었다. 더 이상 병원 진료도, 약도 소용이 없는 상태였기에 삶의 변화를 위해 과감한 결단을 내리고 구체적인 목표를 세웠는지도 모른다. 그리고 누가 시키지 않아도 자발적으로 커피를 완전히 끊고, 식사량을 대폭 줄임으로써 그토록 희망하던 목 건강은 물론 마음의 회복이라는 극적인 결과를 얻을 수 있었다.

커피 외에도 술, 인스턴트 음식, 야식, 과식 등은 줄일수록 좋다. 자신의 평소 식습관을 점검해 보고 때로는 단호한 결심이 필요하다. 이 외에도 실천하면 좋은 식습관은 삼시 세끼 제때 잘 챙겨 먹기, 음식 남기지 않기, 천천히 먹기, 제철 식재료 먹기 등이 있다.

대형마트나 온라인 주문에 길들여져 있다면 가끔은 재래시장을 가는 것도 추천한다. 저렴하고도 싱싱한 야채를 한가득 사 오면 마음까지 풍요로워진다. 정성껏 요리해서 감사한 마음으로 남기지 않고 먹는 습관을 길러야 한다.

정리해 보자면, 몸 건강에 적신호가 켜지면 정신 건강에도 당연히 해롭다. 건강을 회복하기 위해 문제의식을 가지고 적극적으로 행동해야 한다. 불편한 증상이 있다면 병명에 따른 치료법을 모색하는 것이 우선이다. 병원 진료를 받고 의료진의 처방을 잘 따라야 함은 물론, 평소 식습관을 돌아보고 문제를 개선해야 한다. 또한 이 모든 것은 자발적인 행동 의지가 바탕이 되어야 함도 잊지 말아야 한다.

당장 몸무게를 줄이는 극단적인 다이어트를 목표로 두기보다 '건강 회복'에 초점을 맞춘다면 살도 조금씩 빠지고 건강도

되찾을 수 있다. 건강한 삶이 주는 긍정적인 기운을 많은 사람
이 꼭 느꼈으면 좋겠다.

6. 관심사를 찾고 건강한 취미생활을
시작하자

선택에 따라 득이 되거나 혹은 독이 되거나

건강 문제가 어느 정도 해결되고 마음을 조금이나마 추스렸다면 다음 도전 과제는 '관심사 찾기'이다. 상승세를 타고 있는 회복 단계의 굳히기 전략이랄까. 음식에 적절한 허브나 소스 등을 곁들여 더 멋지게 업그레이드시키듯 우리의 인생도 여러 가지 취미생활로 더욱 빛나게 꾸려나갈 수 있다.

미국의 철학자 랄프 왈도 에머슨은 "인생의 가장 가치 있는 보상, 즉 사람이 누릴 수 있는 최고의 행운은 좋아하는 취미를 가지는 것이며 그 안에서 일과 행복을 발견하는 것이다"라고 하며 건강한 취미를 통해 기쁨을 추구하는 것의 중요성을 강조한다.

물론 결혼 전이나 아이가 있기 전과는 전혀 다른 차원의 한정된 취미생활이라는 점은 매우 아쉽지만 말이다. 애가 없을 때는 뭘들 못했을까. 금요일 퇴근하자마자 스키장으로 달려가서 야간 보딩을 즐긴다거나, 여름이면 내내 바닷가에 살다시피 하면서 서핑에 열을 올리고, 스릴 넘치는 래프팅을 즐겼던 기억을 되살려보면 아이들에게 매여 있는 현실이 처량하기도 하다.

주말을 활용한 밤도깨비 해외여행은 과연 언제 다시 해볼 수 있을지, 실현 불가능한 까마득한 먼 미래의 일로만 느껴진다.

현실에서는 나만 바라보는 엄마 껌딱지들이 떡 하니 붙어 있는데 어쩌겠는가. 인간은 적응의 동물이라고, 주어진 환경 내에서 가족들에게 해를 끼치지 않고 지속 가능한 취미생활을 찾아보는 수밖에.

취미는 본인의 성향이나 환경에 따라 다양하다. 따라서 정답은 없다. 본인에게 가장 알맞은 활동을 찾고 그 안에서 쉼을 얻고 소소한 행복을 누릴 수 있다면 뭐든 좋다.

제일 쉽고 만만한 활동을 추천하자면 단연 독서이다. 나의 경우 1년에 100권 정도 그러니까 3~4일에 1권꼴로 책을 보는 셈이다. 엄청나게 많은 독서량은 아니지만 그래도 일상에서 책을 가까이 하려 애쓴다. 꼭 처음부터 끝까지 정독하지 않아도 된다. 읽다가 마음에 안 들면 대충 훑어보고 끝내도 그만이다. 가벼운 마음으로 책을 자주 접하는 것 자체만으로도 휴식이 되어 준다.

독서 분야도 다양하다. 철학, 건축, 여행, 심리학, 건강, 귀농·귀촌 등 그때그때 다르다. 그야말로 천차만별이다. 물론 여전히 자기계발서나 실용서를 선호하지만 의식적으로 가끔은 시나 소설도 읽어 본다. 당장 활용할 수 없는 지식이라도 상관 없다. 새로운 분야를 간접 경험하는 것만으로도 삶의 활력을 얻을 수 있다.

또한 독서의 유익 중 하나는 자녀들에게 솔선수범할 수 있다는 것이다. 아이들에게 '책 좀 읽어라'라는 말 대신, 엄마가 몸소 책을 가까이하는 모습을 보여 주는 게 낫다. 그리고 짬 날 때마다 동네 도서관이나 서점에 들러 아이들과 같이 책을 읽는다. 아이들이 학교 도서실에서 책을 빌려오면 "어머! 이 책 너무 재미있겠다. 엄마도 같이 읽어 볼까?"라며 반응해 준다. "어쩜 이렇게도 재미있는 책을 잘 골라올까? 대단한데!"라고 말하면서 탁월한 안목을 가졌다며 아이를 치켜세워 준다.

종종 독서에 온전히 몰입된 모습을 목격할 때면 참 고맙다. 시키지 않아도 마치 두 녀석이 경쟁하듯이 책을 몇 권씩 쌓아 놓고 한참을 집중해서 책을 보는데 그 모습이 참 기특하다.

물론 책을 여기저기에 정신없이 늘어놓아 혼나는 일이 다반사이고, 독서록 숙제는 또 하기 싫다며 갖은 핑계를 대며 미루는 게 일상이지만 최소한 책에 대한 거부감은 없다. 현재로서는 이 정도면 충분하다고 생각한다. 읽었던 내용을 가지고 끊임없이 질문하고 대화를 이어가기도 한다. 역사에 대한 질문이 이어질 때는 대답을 못해 난감할 때도 있지만, 그래도 아이들이 부모에게 입을 꾹 닫는 편보다 훨씬 낫다 싶다.

아무튼 혼자서, 그리고 집에서 비교적 손쉽게 시작할 수 있는 활동을 위주로 생각해 보면 다음과 같다.

취미활동 추천-개인편

글쓰기

○ 생산적이어야 한다는 강박관념을 버리고 무엇이든 생각을 끄적이기
○ 꼭 단일 주제가 아니라도 무방함.
2~3가지 주제를 놓고 그때그때마다 글을 쓰다 보면 감이 잡힘
○ 브런치, 블로그, SNS 등에 공유하며 반응을 살피는 것도 좋음

재미있는 드라마나 영화 한 편 보기

○ 반드시 본인이 자체 수위조절을 해야 함
○ 다음 날 컨디션을 위해 밤늦게까지 보는 건 피하기
  (드라마 정주행은 결혼 전에나 허용되는 것이다.
   잘못된 습관은 고치고, 우리의 본분은 '엄마'임을
   명심하자.)

식물 키우기

○ 초록 초록한 식물들로부터 차분한 기운을 받을 수 있음
○ 단 분갈이, 물주기 등의 관리 작업이 필요하므로
  자신이 없을 경우 비교적 수월한 수경재배를 추천
○ 연관된 활동으로 꽃꽂이나 드라이플라워 활동도 있음

홈베이킹

○ 갓 구워서 먹는 빵의 짜릿함은 경험해 본 자만 알 수 있음
○ 주변 사람들에게 나눠 주는 기쁨도 누릴 수 있음
○ 단, 베이킹 도구와 재료비 탕진 주의
○ 무엇보다도 살찜 주의

뜨개질, 바느질

○ 무념무상으로 할 수 있는 활동으로 잡념 제거에 탁월

○ 수세미 뜨기의 경우 선물용으로 제격이라 활용도 백 배

다도

○ 장비발을 너무 앞세우지 말고 적정 수준의 다기 및 차를
구매하기를 추천
○ 차 마시는 행위 자체에 더 가치를 둘 것

그림 그리기

○ 원데이 드로잉 클래스, 드로잉 책자 등의 도움 받기
○ 종이 말고 아이패드의 그림 그리기 앱을 활용하면
또 다른 신세계가 열림

필사

○ 성경이든, 서적이든 마음에 와닿는 구절 따라서
메모하며 곱씹어 보기

캘리그래피

○ 온라인 강의는 물론 초보자를 위한 책도 많이 있음
○ 작품을 모아 달력과 같은 결과물을 만드는 것도 방법.
지인에게 선물하는 것도 좋음

악기 연주

○ 새로운 악기를 배우는 것도 추천
  (유튜브를 비롯한 수많은 동영상 강의가 있어 생각보다
  진입 장벽이 높지 않음, 상황에 따라 레슨과 관련된
  콘텐츠를 유료 결제하는 것도 한 방법)

○ 초급 단계일 때는 되도록 중고 악기 구매하기

○ 시간에 구애받지 않고 연주하고 싶다면 헤드폰을
  준비할 것

○ 나이가 드니 감성이 충만해져서 이전보다 곡 해석 능력이
  뛰어나다는 장점이 있음

사진 찍기

○ 비싼 카메라가 대신 스마트폰으로도 충분함

○ 수동으로 조절하는 프로 기능을 활용한다면
  더욱 수준 높은 사진을 얻을 수 있음

○ SNS에 사진을 공유하여 자체 기록을 남기는 것도 좋음

독서

○ 다양한 분야의 지식을 가장 손쉽게 얻을 수 있는
  최고의 방법

○ 인근 국공립도서관은 기본, 온라인 서점의 전자책 혹은
  365일 24시간 운영되는 무인 스마트 도서관,
  오디오북 등 다양한 방법의 독서를 추구할 것
○ 읽고 싶은 책이 도서관에 없다면 희망도서 신청도
  적극 활용 (무료로 책을 구매해 주는 것도 고마운데,
  게다가 우선적으로 대여할 수 있게 해 줌)

등산

○ 장비는 최소한으로 구매할 것
  (튼튼한 두 다리만 있다면 이미 절반은 준비된 셈)
○ 건강까지 챙길 수 있는 바람직한 취미활동

가족 단위로 취미를 갖는 것도 좋다. 자녀들이 커가면서 점점 같이 할 수 있는 활동이 많아진다. 그때마다 자녀들이 흥미 있어 하는 활동을 잘 파악하고 엄마 아빠와 다 같이 즐기는 축제로 확대시켜 가는 것이 중요하다. 구성원들끼리 더욱 끈끈해질 수 있음은 물론이다. 나의 경험을 비추어볼 때 비교적 성공적이었던 가족 취미 활동과 주의할 점은 아래와 같다.

취미활동 추천-가족편

요리하기

○ 철저하게 아이들 수준에서 찾아볼 것

○ 동글동글 빚거나 꼬치에 끼우는 등의 요리 활동 추천
  (예 : 찹쌀경단, 산적꼬치구이)

○ 편식하는 식재료가 있다면 은근슬쩍 활용 가능

○ 재료 준비가 어렵다면 시판 쿠키믹스, 스콘 믹스,
  케이크 만들기 세트 등을 활용해 볼 것

영화 보기

○ 선택권은 가족 구성원 모두에게 평등하게

○ 자녀가 어려서 집중력이 떨어진다면 30분 내외의
  단편영화, 독립영화, 애니메이션도 무방

○ 교훈과 감동을 주는 내용에만 너무 얽매이지 말고 웃음을
  주는 가벼운 내용도 때로는 허용할 것

○ 영화관 못지않은 특별 간식도 준비하는 센스 발휘
  (팝콘, 탄산음료, 버터구이 오징어 등)

○ 영화 관람 후에는 서로 느낀 점이나 궁금한 점 등
  생각 나누기

[추천 영화]

애니메이션 – 스누피와 친구들, 인사이드

아웃, 업, 인크레더블, 쿵푸팬더, 이집트 왕자,

모아나, 알라딘, 토이스토리, 라푼젤

단편영화 – 유월, 나는 보리, 콩나물(전체관람가 영화)

예스데이, 스쿨 오브락, 걸리버여행기, 라이크마이크

자전거 타기

○ 두 발 자전거를 목표로 차근차근 훈련시키기

○ 안전모나 무릎 보호대와 같은 안전장치 착용

○ 중간중간 휴식을 위해 물, 간식거리, 돗자리 챙기기

○ 우리 가정의 경우 부모들은 따릉이를 대여하고,

　자녀들은 접이식 자전거를 차 트렁크에 싣고

　인근 공원으로 가는 편

스포츠 경기 관람

○ 경기 관련 규칙도 알게 되고 다양한 스포츠 종목에

　대해 습득 가능 (자연스레 독서로 연결시키면 더 좋음)

○ 의외로 애나 어른이나 승부욕이 넘치는 것을 발견하게 됨

○ 꼭 스포츠 경기가 아니어도 스포츠를 주제로 한 예능도

괜찮은 선택으로 오히려 더 쉽게 흥미를 유발할 수 있음

악기 연주

○ 같은 악기를 선택해도 좋고, 서로 다른 악기를 다루며
   합주회를 열어도 좋음
○ 악기를 다루지 못하는 나이의 경우 노래나 춤 담당
○ 박자가 틀려도, 음을 이탈해도 아낌없는 칭찬은 기본,
   폭풍 리액션을 절대로 잊지 말 것
○ 생신이나 어버이날과 같은 가족 행사를 앞두고 적절한
   곡을 선정해서 연습한 후, 합주 동영상을 찍어서
   보내는 것도 추천(작은 성취감을 경험하는 기회)

여행

○ 캠핑도 좋고, 리조트나 호텔 등 어디든 좋음
○ 단, 쾌적하고 근사하면서 합리적인 금액의
   숙박지를 알아보는 데 과도한 에너지를 쏟지 말 것
   (만약 그런 곳이 있다 해도 대부분 이미 예약 완료)
○ 이동하기 쉬운 근거리, 합리적인 가격 등 우선순위를
   고려하여 적정선에서 정하기
○ 숙박이 어렵다면 최소 반나절만이라도 짬 내서

어디든 나서기를 추천

○ 여행 후에는 나만의 여행책 제작(관광지의 안내 책자, 티켓 등을 붙이고 느낀 점을 적거나 그림을 그리거나 사진을 붙이는 활동) 혹은 포토북을 제작하여 추억을 되새기는 것도 좋음

텃밭 가꾸기

○ 집과 근거리의 주말 농장도 좋지만 옥상이나 마당 혹은 여건에 따라 베란다에 화분 재배도 무방(허브, 상추, 방울토마토 등 처음에는 재배가 쉬운 것으로)

○ 매일 주기적으로 텃밭 가꾸기가 어려운 경우, 일회성 농촌 체험을 통해 아이들의 흥미 유발하기

○ 자녀들과 수확의 기쁨도 맛볼 수 있고, 자연스럽게 노동의 가치를 알려줄 수 있음

동화책 만들기

○ 스토리 구성, 주인공 설정, 그림그리기, 채색하기, 책 제목 정하기 등 일련의 전 과정을 경험하며 주체적으로 참여하게 됨

○ 처음부터 새롭게 만들기 부담스럽다면, 기존에 좋아하는

책을 패러디하는 방식으로(배경, 주인공을 바꾸는 등)
가볍게 시작

쓰레기 줍기(플로깅)

○ 집 주변, 자주 가는 공원 등을 걸으면서 쓰레기 줍기 활동
○ 준비물은 쓰레기를 담을 봉투와 집게
○ 환경문제에 관심과 문제 의식을 가질 수 있음

이 외에도 취미생활로 즐길 만한 것들은 수없이 많다. 어떤 활동도 좋으니 일단 용기 내어 시작해 보자. 바라건대 꼭 소비와 연관시키지 말기를 바란다. 되도록 소요되는 비용이 없는 취미활동을 선택해야만 다양한 취미활동을 시도하고 마음껏 즐길 수 있다.

또한 취미생활이 꼭 결과물을 내야 하고, 눈에 보이는 변화가 일어나지 않는다고 해도 좌절하지 않길 바란다. 그냥 그 순간순간을 즐기는 것, 복잡한 머릿속을 잠시나마 쉬게 하는 것, 이 두 가지만으로도 충분히 가치 있는 활동이다.

물론 여건이 된다면 관심사에 대한 자격증에 도전한다거나 같

은 취미를 가진 소그룹 활동을 하며 확장해 나가는 것도 좋다. 취미활동은 어떠한 방식으로든 분명 삶에 활력소가 되어 줄 것이다, 물론 가족들과의 사이도 좀 더 끈끈하게 만들어 줄 것이다.

7. 독립심을 기르자

OO 엄마, OO 아내 말고! 진짜 나를 찾으려면

육아를 하다 보면 진정한 나의 민낯을 보게 된다. '내가 이렇게도 성질이 까칠했던가?', '원래 이렇게 분노가 많았던가?' 하며 자신에게 실망하기도 한다. 또한 '나도 한때는 돈 벌고 잘나가던 직장인이었는데'라는 하소연이 절로 나올 것이다.

아이를 키우느라 반 강제로 사회생활이 중단되면서 겪는 공허감과 동시에 배우자가 벌어오는 돈에 의지해서 얹혀사는 기분이 들 때 느끼는 우울함은 이루 말할 수 없다. 사회생활 10년, 육아 경력 10년을 통해 남은 거라고는 전투력밖에 없다고나 할까.

물론 사회생활을 이어 온 워킹맘의 경우라면 이야기가 다르겠지만, 여전히 주어진 수많은 역할을 감당하느라 버거울 것이다. '육아'는 엄마의 절대적인 책임이라는 무언의 압박감으로 마음이 편치만은 않은 게 현실이다.

내 몸 챙기기도 급급한데, 아이도 챙겨야 한다. 게다가 남편은 또 얼마나 (이런저런 일로) 신경 쓰이게 하던가. 특히 아이가 아프기라도 하면 나를 더더욱 미치게 한다.

과연 나는 누구인가, 이런 험한 꼴 보려고 결혼을 선택한 건가, 이럴 줄 알았으면 애는 안 낳는 건데, 하나만 낳는 건데… 후회해 봤자 이미 수습 불가. 누구를 탓하겠는가. 이 남자와 평생 함께라면 행복할 것이라는 확신에 차서 뜨겁게 사랑하고, 그토록 아이가 갖고 싶어 처절하게 노력했던 사람이 바로 나였는데 말이다.

육아는 먹고 자고 싸는 1차원적인 기본 욕구도 제대로 해결하지 못하는 극한 나날들이 이어지면서 엄마들은 점점 나를 잃어가고 있다. 다시는 겪고 싶지 않은, 그야말로 인생 바닥을 찍던 시절인 자녀의 영유아기가 지나고 슬슬 살 만해지면 그때부터 자아성찰이 시작된다.

그러나 정신을 차려 보면 슬프게도 '나'는 없다. 분명 예전보다 몸은 편해졌지만, 마음은 답답하다. 자신감이나 자아성취감은 수직하강 중이다.

'엄마의 사춘기'를 겪으면서 내가 그동안 얼마나 수동적, 의존적으로 생활했는지를 돌이켜보게 되었다. 작은 일에도 선택 장애로 골머리를 앓고, 내 의견보다 남 눈치 보며 아등바등 살아왔던 지난날들이 뇌리를 스쳐 지나갔다. 뭔가 잘못된 것 같은 이

상태를 바꾸고 싶었다. 그동안 나는 무언가를 결정할 때 스스로 하기보다 남편, 친정, 시댁, 육아 동지들에게 상당 부분 의존했음을 깨달았다. '진짜 나'를 찾아야겠다 싶었다. 팍팍한 내 삶을 헤쳐나가려면 '굳건한 독립심 장착'이 필수임을 인식했다.

그동안 나는 소싯적부터 독립심이 강한 사람인 줄로만 알았다. 여대생 시절에도 혼자 당당하게 설렁탕집에 가서 거리낌 없이 당당하게 혼밥을 하기도 하고, 씩씩하게 혼자 영화관도 종종 갔다. 수강 신청은 동기나 선후배를 따라가는 것이 아닌, 철저하게 내가 듣고 싶은 과목으로 선택했다. 흔히들 친구들과 같이 미용실에 가지만, 나는 늘 혼자서 갔다. 그래서 나는 독립심이 강한 여자라고 착각하고 살아왔다.

하지만 이렇게 의기양양했던 나도 막상 엄마가 되어 보니 밀려오는 우울증과 무기력감은 당할 재간이 없었다. 결혼, 출산, 육아 이전의 삶에서 독립심이란 '단순한 행위로의 독립적인 행동'이었지 진정한 '심리적 독립'은 아니었던 것이다. 이런 반쪽짜리 독립심으로 진짜 어른이 되기란 어림도 없었다.

육아와 살림, 일까지 병행하다 보면 만신창이가 된다. 그것은 상상을 초월할 정도로 고된 일이다. 하지만 죽겠다며 하소연하고 밤낮으로 신세 한탄만 해봤자 무슨 소용일까. 점점 의존감만 높아지고 자존감은 점점 떨어진다. 고로 아무런 발전이 없다. 이것이 엄마들에게 진정한 '심리적 독립'이 필요한 이유이다. 그렇다면 누구로부터 독립해야 한다는 말인가? 바로 남편으로부터, 양가 부모님으로부터, 육아 동지들로부터. 이 삼종세트에서 탈출하는 것이 가장 큰 관건이다.

물론 이들이 도움을 받을 수 있는 고마운 존재임에는 틀림없다. 무조건 모든 도움의 손길을 단박에 끊으라는 이야기는 아

니지만 궁극적으로 '육아 독립'을 목표로 두고 살아야 한다. 마치 일제 강점기에 현실은 팍팍하지만 독립만세를 외치기 위한 목표를 갖고 호시탐탐 기회를 노리며 태극기를 품은 독립군처럼 말이다. 조금씩 내 힘으로 하나하나 해내고, 내 인생을 소신 있게 주도적으로 살아가야 한다.

주도적인 삶을 산다는 것이, 엄마라는 위치에서 생각보다 쉬운 일은 아니다. 아이들과 남편을 챙기다 보면 나는 항상 뒷전으로 밀리게 되고 수시로 아이들 컨디션을 살펴야 하기 때문이다. '갑'도 '을'도 아닌, '병'이나 '정'쯤에 머물러 있는 엄마의 정체성을 어떻게 찾고 회복시켜야 할까?

제아무리 계획적이고 철저한 사람일지라도, 아이를 키우다 보면 좀처럼 내 마음대로 흘러가지 않아 난감할 때가 많다. 기껏 해외여행을 간들 유명한 관광지보다 놀이터만 찾는다거나, 큰맘 먹고 간 박물관에서는 졸리다며 내내 잠투정을 부린다. 이뿐인가. 기껏 방문한 유명 맛집에서 주문한 음식을 한 입도 먹어 보기 전에 아이들은 화장실을 찾는다. 결국 싸늘하게 식어 버린 음식을 먹어야 하는 어이없는 상황은 그나마 웃어 넘길 수 있다.

꼭 중요한 약속을 앞두고 있을 때 아이들이 등원을 거부한다거나, 갑자기 아픈 일이 생겨 꼼짝 못하고 병 수발을 들어야 할 때도 있다. 갖은 비위 맞춰 가며 내내 죽을 끓여대고 펄펄 열이 나는 아이 걱정에 밤도 꼴딱 새는 등 골골대며 겨우 버티는데 오히려 아무것도 하지 않은 남편이 선수치고 먼저 앓아눕는 등 분노와 좌절감을 한가득 안겨 주는 일도 허다하다.

이런 상황에서 정체성을 찾고 내 뜻대로 움직이는 게 과연 가능할까? 정답은 '그렇다고 전혀 불가능한 것은 아니다'라고 말하고 싶다. 회사 일로 비유하자면, 우리는 이미 기획자(주말 계획, 휴가 계획 등), 비서(가족의 스케줄 조정), 인사 담당자(최상의 복리후생 제공), 총무(가족 경조사 담당, 비품 구매) 등 여러 가지 모습으로 살아가고 있다.

어디 그뿐인가. 업무일지로 기록하자면 지면이 부족할 만큼 수많은 일들을 그것도 동시다발적으로 척척 처리하고 있지 않던가. 나름대로 엄마들도 전문성을 가진 능력 있는 사람이라는 이야기다. 아가씨일 때와는 비교할 수 없을 정도로 상황 대처 능력도, 대인 관계에서도 점점 내공이 쌓여 간다. 그만큼 엄마로서 충분히 자부심을 가져도 좋을 만큼 과거에 비해 성장한 모습을 스스로 느껴지지 않는가.

비록 당장의 계획은 예상치 못하게 틀어질지언정, 삶의 방식이나 태도, 판단력, 가치관 등에서는 자신만의 주체성을 가져야 한다. 남이 아닌 나의 의견이 더 중요하고 본인의 선택과 그에 따른 결과도 온전히 책임질 줄 아는 사람이 되어야 한다. 삶을 주도적으로 꾸려나가며 나도 자녀들도 함께 성장해야 한다.

긴 호흡을 가지고 한 발짝 물러서서 인생을 길게 보자. 그러다 보면 자꾸 실패하더라도 조금씩 맷집이 생긴다. 점차 '진짜 엄마, 진짜 어른'으로 거듭나기 마련이다. 그렇다면 남편, 부모님, 동지들로부터 어떻게 독립하는 것이 지혜로운 방법일까?

1. 남편으로부터의 독립

남편은 결국 '남의 편'이다. 절대 내 입장이 되어 줄 수 없다. 때로는 위로의 말을 건네주고, 살림을 상당 부분 도와주기도 하지만 그때뿐이다. 죽도록 힘든 육아 지옥을 나 대신 온전히 딱 하루만 경험해 본다면 조금 태도가 달라질까? 내가 아무리 힘들다, 힘들다 이야기해 봤자 그의 머릿속에는 오로지 못다 한 게임이나, 구매하고 싶은 운동화 생각뿐이다.

나의 경우 남편의 도움을 받을 수 없는 상황이 되면 실망감이 컸다. 지금 생각해 보면 충분히 나 혼자 해볼 수 있는 일이었는데도 말이다. 그만큼 쓸데없이 남편 의존도가 높았다. 아이가 하나일 때는 병원을 갈 때도, 마트를 갈 때도, 육아지원센터에 갈 때도 꼭 남편과 함께 갔다. 물론 둘이 되었을 때는 접이식 쌍둥이 유모차에 마을버스 타고 나 홀로 악착같이 애들을 데리고 다녔지만.

아무튼 남편 없이는 외출도 꺼려졌고, 공동 육아와 공동 살림이 당연하다고 생각해서 어떤 방식으로든 정확하게 분담하려 했다. 그러다 보니 자주 속상하고 서운했다. 이러한 부정적인 감정의 원천이 무엇일지 곰곰 생각해 보니 '배우자를 지나치게 의존했기 때문'이라는 결론을 내렸다. 아무래도 아빠는 엄마처럼 민감하고 세심하지 않다. 살림은 물론이고 특히 아이와 관련된 것은 더더욱 그렇다. 당연히 결과가 마음에 들지 않고, 잔소리가 튀어 나오며 서로 감정이 상하기 십상이었다.

아이와 씨름하느라 새벽 내내 잠도 제대로 자지 못하고 사투를 벌인 나에게 고생했다고, 애썼다고 격려해 주기를 원했지만 따뜻한 공감은커녕 "그깟 잠 좀 못 잤다고 왜 이렇게 까칠해?"라는 배우자의 반응에 부글거렸던 적도 한 두 번이 아니다.

하지만 육아 방식도, 감정적인 소통도 내가 원하는 대로 반응하지 않는다 한들 굳이 서운해할 필요가 없음을 알게 되었다. 각자 판단하는 기준이 다르고, 상황을 해석하는 능력도 다르기 때문이다. 일반적인 남녀의 사고방식의 차이도 있었지만 타고난 성격의 차이, 자라온 환경의 차이도 분명 있었다. 그때의 상황을 객관적으로 곱씹어보면 나름 각자의 입장이 있음을 깨달았다.

굳이 남편에게 모든 상황을 이해시키고, 공감을 받기 위해 애쓰지 않아도 괜찮다. 죽고 살 만큼 중대한 사항이 아닌 이상 상대방이 틀렸다고 사사건건 지적하는 일도 멈춰야 한다. 그저 나와 다름을 이해하고 인정해 주는 것, 상대방에 지나치게 기대하지 않는 것, 그게 진리였다.

이와 같이 심리적인 면의 독립 외에도 실생활의 독립에 반드시 갖춰야 할 요소도 있다. 바로 '운전'이다. 이미 운전이 능숙해서 해당되지 않는 엄마들이라면 축복받은 사람이라 이야기해 주고 싶다. 나는 둘째가 어린이집에 가고서야 연수를 받고 드디어 장롱면허를 탈출했다. 그때 그 감격은 아직도 생생하다. 태어나서 가장 잘 배운 일로 1초도 망설이지 않고 '운전'이라고 말할 수 있을 정도이다. 물론 운전 연수는 절대로 남편에게 배워서는 안 되는 것은 불변의 진리이다.

운전을 못하던 시절에는 주로 남편의 도움을 받아 이동할 수밖에 없었다. 늘 부탁해야 했고, 갖은 비위를 맞춰 줘야 했다. 하지만 기동성이 확보되니 삶의 질이 완전히 달라졌다. 더 이상 남편 눈치를 보지 않아도 되었다. 내가 가고 싶은 곳을 언제든 활보할 수 있게 되었다. 독립적인 삶이 확보된 것은 당연지사.

'남편이 없는 게 오히려 편하다'는 육아 선배들의 명언이, 예전에는 도저히 동의할 수 없었지만 어느덧 나도 온몸으로 체감하고 있다. 이제는 혼자서도 애 둘을 충분히 감당할 수 있긴 하지만 그래도 장거리나 야간 운전을 할 때는 남편이 있으면 든든하긴 하다.

가구 옮기기, 에어컨 분해 청소, 커튼 봉 달기 등과 같이 물리적인 힘이 필요한 경우 때에 따라서 차라리 심부름 업체의 도움을 받는 편이 낫다. 몇 푼 아껴 보려다가 감정만 상하고,

남편과 사이만 더 멀어진다. 배우자가 도와줄 용의가 있거든 고마운 마음을 담아 아낌없이 칭찬을 해주며 노동력을 적당하게 활용하면 끝.

아무튼 남편 없이 꼼짝 못하는 엄마들이여, 용기를 내기 바란다. 정신적으로 육체적으로 당당하게 독립을 선언하고 훨씬 더 자주적으로, 편하게 살자.

2. 양가 부모님으로부터의 독립

육아에 있어서 가장 큰 도움을 받을 수 있는 존재는 단연 친정과 시댁 부모님이다. 누구도 부인할 수 없는 사실이다. 물심양면으로 도움을 주시고, 자녀들에게 아낌없이 사랑을 베풀어 주신다. 참 감사한 분들이다. 하지만 이 또한 주의할 점이 있다. 마치 공기, 물, 햇빛과 같이 그 중요성은 알면서도 실생활에서는 막상 존재의 중요성을 의식하지 못하고 당연하게 여기며 사는 것과 같다고 해야 할까?

툭하면 친정 찬스를 쓰고, 보내 주시는 반찬을 아무 감동 없이 받고 있지는 않은지 돌아보자. 오히려 아이를 맡아 주실 상황이 안 되어 도움을 받지 못하는 편이 어떻게 보면 본인의 성장을 위해서는 백 번 낫다.

"저는 회사를 다니다 보니 요리를 전혀 못해요.", "항상 시댁
에서 알아서 밑반찬을 챙겨 주시니까 걱정 없어요."라는 말은
결코 자랑이 아니다. 아무리 업무로 바쁘다 한들, 우리의 가장
중요한 본업은 '엄마'이다. 반조리 식품이나 반찬가게를 이용
할지언정 자꾸 양가 어머님들에게 손 벌리지 말자. 이제 몸도
아프기 시작할 연세이신데 오히려 내가 반찬을 해 드려야 하지
않겠는가. 나도 몸이 편찮으신 시부모님 댁에 가끔씩 반찬이
고 국이고 가져다 드리기도 했다. 비록 솜씨는 서툴지만 마음
과 정성을 담아서 만들었다. 난리 난 주방을 수습하느라 배달
은 남편에게 대행을 맡기긴 했지만.

물론 나도 급할 때는 여전히 친정 부모님의 도움을 요청한
다. 아이가 어렸을 때는 나의 호출에 수시로 응해 주셨다. 하지
만 이런 긴급한 도움 요청이 자꾸 많아지다 보면 고마운 마음
이 점점 무뎌진다. 오히려 도움을 못 받는 상황이 되면 서운한
감정이 커진다. 마치 방귀 뀐 놈이 성내는 꼴인 셈이다. 나뿐
아니라 남편도 의존적으로 변하고, 양가 부모님들의 노고에 고
마운 줄도 모른다. 여전히 우리는 제대로 된 어른이 아닌 어른

흉내를 내는 '어설픈 어른'일 뿐이다.

어느새 부모님들도 우리를 키우시느라 부쩍 늙으셨다. 그리고 그들도 사생활이 있고, 남은 인생은 실컷 즐기면서 사실 권리가 있다. 이제는 인생 후반은 편하게 보내시도록 배려하는 게 옳지 않을까? 30~40대인 우리도 이제 충분히 내 앞길을 책임지고, 어른 노릇을 해야 한다. 아직까지도 자녀들과 손주들에게 얽매여 꼼짝 못 하시게 붙잡고 있다면 참 어리석은 일이다.

결국 자녀 양육은 물론이고 의식주도 나와 배우자가 감당해야 하는 몫이지, 친정과 시댁에게 전적으로 맡겨서는 안 됨을 명심하자. 도움을 받는 횟수를 점점 줄이고, 어쩔 수 없는 상황에서만 선택적으로, 최소한으로 도움을 받자.

3. 육아 동지들로부터의 독립

가장 쉬우면서도 어려운 것이 바로 육아 동지들과의 관계에서 독립심을 갖는 일이다. 산후조리원 동기, 동네 친구들, 문화센터 같은 반 엄마, 어린이집 엄마들 등등 비슷한 월령대의 자녀를 키우는 처지에서는 공감대가 금방 형성되고 친근감이 절로 드는 사람들이라 그렇다. 하지만 똘똘 뭉쳐 너무 가까이 지내는 것은 얻는 것보다 잃는 게 더 많다. 때로는 절제가 필요하다.

내 주변에서 삼삼오오 마음이 맞는 또래 엄마들의 모임을 볼 때, 아무런 갈등 없이 굳건하게 유지되고 있는 모임을 찾기란 힘들다. 형제자매끼리도 투닥거리는데, 하물며 남인 사람들과의 관계를 이어온다는 건 쉽지 않을 게 당연하지 않을까. 때로는 의도치 않게 오해도 생기고, 갈등도 생기기 마련이다. 그러다 보면 일상생활도 껄끄러워지고 불필요한 에너지가 소모된다.

지인이 산후조리원 동기들을 주 5회 이상 만나서 같이 시간을 보낸다는 이야기에 나는 속으로 기겁한 적도 있다. 과연 이런 모임이 아이에게도 어른에게도 얼마나 도움이 될까? 결국은 어떤 육아용품이 좋다더라, 어떤 장난감이 특가 할인이더라, 전집은 어떤 책이 인기가 많더라 등등 팔랑 귀가 되어 소비만 부추길 뿐이다. 그리고 남과 비교하며 나만 뒤처지는 느낌을 받게 되고 자연히 조바심만 생긴다. 아이의 사회성을 키워 준다는 핑계로 엄마들끼리 모여 배달음식을 먹고 동영상 찬스로 육아의 짐을 살짝 내려놓고 있는 건 아닌지 생각해 볼 일이다.

물론 역기능만 있는 건 아니다. 마음을 터놓고 편하게 대화하면서 위로를 얻기도 하고, 고된 육아에서 지쳐 있을 때 서로 큰 격려가 되어 주기도 한다. 미처 몰랐던 좋은 정보를 얻기도 하고, 자녀들도 친구와 어울려 즐겁게 놀 수 있다. 어쩌다 한두 번 갖는 모임은 삶에 활력을 불어넣는 건강한 일탈이 되어 준다.

하지만 내 아이에게 더 집중하고
면밀하게 관찰하려면
이런저런 모임은 크게 도움이 되지 않는다.

그리고 내 안의 소리에 제대로 귀를 기울이려면
자발적 고립 생활도 필요하다.

그래야 주변의 말에 휘둘리지 않는다.

자신만의 잣대가 생기고,
판단 기준이 생기고,
그때 비로소 소신 있게 행동할 수 있다.

또래 엄마들과 모임에서 과연 '나'에 대해 고민을 나누고, 나의 진로나 나의 관심사에 대해 이야기 나누는 비중은 얼마나 차지하는가? 남편 험담, 온갖 추측성 이야기, 시댁과의 에피소

드, 부동산 이야기 등 뻔한 레퍼토리만 읊다 보면 돌아서서 집에 왔을 때 허무함만 밀려온다. 그 시간에 차라리 '동네 공원이나 한 바퀴 걷고 올걸' 혹은, '읽던 책이나 마저 읽을걸' 하며 뒤늦은 후회만 남는다.

학원이고 학습지고 선택 기준이 최소한 '아이의 관심사'가 돼야지, 친구나 다른 엄마들의 선택을 무작정 쫓지 않기를 바란다. 운동 수업 그룹에 끼지 못했다고 운동 실력이 한참 뒤처지거나 친구들을 못 사귀어 사회성이 떨어지는 것은 절대 아니다.

나는 두 아이 키우며 문화센터나 전문 놀이기관은 문턱도 못 밟아 봤지만 구에서 운영하는 무료 육아지원센터는 아이들과 함께 매일같이 드나들었다. 태권도나 수영같이 학원에서 배우는 운동은 해 보지 못했지만 동네 놀이터나 한강공원은 날씨만 좋으면 수시로 출동했다. 아직까지는 자녀들의 건강 상태도, 사회성도 문제없다.

고만고만한 사람들끼리 시시콜콜 정답이 없는 이야기를 과하게 많이 나누는 것은 추천하지 않는다. 차라리 육아 멘토이자 인생 선배 몇 명과 가까이 지내며 연락하는 것이 훨씬 이득이다. 내 곁에는 정말 고마운 언니들이 많았다. 남편과 아이들로 인해 분개하던 나를 보고 일단 이리 와서 앉아 보라며 맛있는 빵을 입에 쑤셔 넣어 주던 노련한 언니, 전화와 카톡으로 짧지만 수시로 안부를 묻던 내공 만점의 언니, 책에 있는 교과서 다운 답 말고 시원하고 상쾌하게 현실적인 조언을 사이다처럼 말해 주던 언니… 감정이 요동치던 나를 붙들어 준 고마운 은인들이다. 그리고 이제는 조금 살 만해지니 나 또한 자발적으로 어린 자녀들을 둔 초보 엄마들에게 멘토 역할을 하려 애쓰고 있다. 받은 은혜 나누기랄까.

이 세 집단으로부터 독립을 이뤘다면 그 다음으로 갖춰야 할 것은 바로 '내 공간 마련하기'이다. '엄마 독립심 마련의 꽃'이라고도 할 수 있다. 소박해도 나만의 공간을 꾸미는 것이 필요하다. 최소한 "집이 좁아서 공간이 없어요."라는 핑계는 대지 말자. 화장대 대신 책상을 선택한다든가, 자투리 공간에 1만 원이면 살 수 있는 접이식 간이 책상이라도 구비하면 충분히 내 공간을 마련할 수 있다. 절대 어려운 일이 아니다. 작은 식물, 디퓨저 등 평소 좋아하는 소품을 올려놓아도 좋다. 짧은 시간이라도 나를 가꾸는 시간을 보냄으로 분명 쉼과 위로를 얻을 수 있을 것이다.

　나의 경우 방이 2개뿐인 좁은 집에 산다. 그럼에도 내 공간을 마련했다. 아이 방에 있던 옷장을 2개에서 1개로 줄이고, 교구장도 하나 없앴다. 대신 그 자리에 내 책상을 하나 들여놓았다. 큰맘 먹고 내 취향의 예쁜 앤틱 스탠드도 사놓고, 행복했던 순간이 고스란히 담긴 가족사진 액자도 하나 세워 놨더니 제법 그럴듯해졌다. 소요된 비용은 10만 원 남짓이지만 하나도 아깝지 않았다. 비록 단독으로 사용하는 나만의 독립 공간이 아니라 아이들 방에 세 들어 사는 처지이지만, 나만의 책상을 볼 때마다 심리적으로 얼마나 든든한지 모른다.

내 공간에서 신나게 글도 쓰고, 때로는 일기도 끄적인다. 장단기 계획을 세우기도 하고 떠오르는 생각들을 정리하기도 한다, 차 한 잔 마시며 관심 분야의 책도 읽는다. 가족들보다 조금 일찍 일어나서, 혹은 아이들이 잠들면 잠시라도 내 공간에서 내 시간을 알차게 보낸다. 마음껏 자아실현을 할 수 있는 이 작은 공간 덕분에 팍팍한 현실 속에서도 버틸 힘이 생긴다.

낮아진 자존감을 회복하는 데는 결코 값비싼 명품백이 필요한 것이 아니다. 부지런히 책을 읽고 부단히 나의 감정과 생각을 관찰하면서 나만의 판단 기준을 확보하고, 제대로 된 독립심을 기르다 보면 어느새 엄마 내공이 쌓인다. 그러는 동안 나를 사랑하게 되고 마음의 여유가 생긴다. 삶에 자신감이 생긴다. 머리부터 발끝까지 고급 브랜드 제품으로 휘감은 사람이 옆에 있다 한들 전혀 기죽지 않는다. 그와 비교도 안 되게 나는 '마음 부자'이기 때문이다. 그렇기에 단단한 내면을 꾸리는 일은 무엇보다 중요하다. 그리고 이러한 일을 위해서는 물리적인 엄마의 공간은 필수이다.

나만의 공간이 생긴다는 것, 생각만으로도 입가에 웃음이 지어지지 않는가? '엄마의 공간 마련하기 미션'을 지금 당장 실행해 보기를 바란다.

행복해지는 비결은 의외로 단순하다.

좋은 음식을 먹고,
건강을 잘 관리하고,
내게 주어진 시간을 잘 가꾸는 것.
그리고 독립적으로 내 삶을 개척하는 것.

그것에 성공하면
아이들이나 남편이 나를 뒤흔들어 놓아도
큰 요동 없이 의연하게 대처할 여유가 생긴다.

주변 사람들과의 관계에서 점차 독립을 하고
조금 천천히 남들과 다른 길로 가더라도
내 방식대로 삶을 살기로 결정하면 그만이다.

최소한 앞으로의 인생은 남들 눈치 보지 말고
내 인생을 내가 주도적으로 살기를 바란다.

이것이 진리임을 잊지 말기 바란다.

8. 자녀와의 관계를 돌아보자

욕심을 내려놓고, 있는 모습 그대로 사랑하기

부모는 자녀들의 거울이다. 우리의 행동, 말투를 그대로 따라한다. 심지어 취향도 부모를 닮아 간다. 그렇기에 부모가 자녀에게 주는 영향은 상당하고, 자녀가 부모에게 주는 존재감 또한 엄청나다. 나는 지금 자녀들에게 어떤 엄마일까? 아이들에게 존경을 받을 만큼 괜찮은 엄마일지, 스스로 질문해 보며 자신의 언행을 돌아보아야 한다.

아이들에게 엄마, 아빠는 세상의 전부이다. 부모가 보여 주는 대로 세상을 본다. 자녀에게 늘 좋은 모습만 보여 주면 좋으련만 현실은 그렇지 못할 때가 더 많다. 그 작은 아이가 나를 들었다 놨다 하며 인내심 테스트를 할 때가 한두 번이 아니다. 아이로 인해 가정이 웃음이 넘치는 천국이 되기도 하고, 살벌한 분위기의 지옥이 되기도 한다. 때로는 걷잡을 수 없이 나의 감정을 요동치게 만들고 내 인성의 바닥을 보게 해 준다. 애들이 잠들고 나면 그제야 현타가 온다. 지난 나의 행동을 깊이 반성하며 후회가 밀려온다.

하루쯤 늦게 잘 수도 있는 건데, 밥을 안 먹고 싶은 날도 있었을 텐데, 숙제가 하기 싫은 날도 있었을 텐데, 만화가 더 보고 싶은 날도 있었을 텐데, 너무 아이를 몰아붙인 건 아닌지….

국을 쏟았다고, 옷에 흘렸다고, 책상에 낙서했다고 왜 그렇게 별일 아닌 걸로 짜증을 내고 화를 냈을까. 어떤 이유에서든 엄마로서 나보다 절대적으로 약자인 아이에게 화를 내는 건 자제해야 할 행동인데 말이다. 예쁜 모습으로 새근새근 자는 아이들을 보고 있노라면 별별 생각이 다 든다.

　화내고 후회하고 자책하고 원망하고 다시 마음을 다잡고 절대 화내지 않겠다고 굳게 다짐하지만 곧 쉽게 와장창 무너지고 마는 이 사이클이 지금도 무한 반복 중이다. 그래도 다행인 건 그 빈도가 조금은 줄어들고 있다는 것이다. 나도 아이들도 그래도 어제보다는 조금 더 성장 중이기 때문일까.

고맙게도 아이들은 이 결함 많은 엄마를 언제나 최고의 엄마로 인정해 준다. 어찌나 미안하고도 민망한지 모른다. 아이들은 못난 엄마를 있는 모습 그대로 받아 준다. "그렇게 혼나고도 여전히 엄마가 좋아?"라는 질문에 당연하다는 듯이 고개를 끄덕이며 품에 안긴다. '엄마'라는 존재 자체가 아이들에게는 큰 위안이고, 가장 편하게 기댈 곳인가 보다. 나 또한 앞으로 아이를 있는 모습 그대로 사랑하고, 넘치도록 사랑을 주리라 다짐해 본다.

뭐든지 가리지 않고 잘 먹는 모습, 놀이터에서 친구들과 신나게 뛰노는 모습, 1개 남은 초콜릿을 눈 딱 감고 동생에게 양보하는 예쁜 마음, 비가 많이 내리는 날 꽃이 걱정된다며 쭈그리고 앉아 꽃에 우산을 씌워주는 고운 심성, 사랑의 마음을 꾹꾹 담아 그린 그림과 편지를 수줍게 건네는 모습 등 아이들의 순수함을 보며 참으로 사랑스럽고 귀한 존재임을 느낀다.

이렇게 소중한 아이들과 좋은 관계를 유지하며, 사랑의 언어로 소통하면서 평생 믿고 의지할 수 있는 안전한 버팀목이 되는 것이 참된 부모의 역할이 아닐까 싶다. 비록 감정이 상하고, 부딪칠 때가 종종 발생하지만 말이다.

자녀가 어릴 때는 의식주와 관련된 문제가 대부분이었다. 하지만 커갈수록 교육, 사회성, 신체 성장, 진로 등 신경 쓸 것이 한둘이 아니다. 그래서 자녀에 대한 욕심이 커지고, 자녀를 더 다그치게 된다.

이때 부모의 올바른 양육태도가 중요하다. 언제든지 아이 옆에서 안정감을 주어야 한다. 또한 '완벽한 부모'가 되기보다 '충분히 좋은 부모'가 되도록 노력해야 한다. 부모가 행복해져야 아이도 행복해진다는 사실을 결코 잊으면 안 된다.[1]

그렇다면 어떻게 하면 자녀의 의견을 존중하고, 부정적이었던 관계를 회복하고 나도 아이도 평안할 수 있을까?

자녀와의 관계를 이상적으로 유지하기 위한 방법

1. 자녀의 일상에 관심 갖기

반 친구들의 이름은 다 알고 있는가? 누구랑 제일 친하고, 요새 고민이 무엇인지 알고 있는가? 거창하게 관심사나 장래희망까지 가지 않더라도 당장 오늘 먹은 간식이나 점심식사 메

---

1) 출처 : EBS <부모> 제작팀(2012), EBS 부모 사랑의 처방전, (주)경향비피

뉴 정도는 파악하고 있어야 한다. 오늘 어린이집, 유치원, 학교에서 했던 수업에 대해 같이 이야기를 나누고 관심 있게 귀 기울여 이야기를 들어주는 노력이 필요하다.

"엄마, 엄마!" 하고 말을 걸며 관심과 애정을 갈구할 때, 잠시만이라도 집안일을 멈추고, 스마트폰을 내려놓고 따뜻하게 눈을 맞춰 주자. 폭풍 맞장구도 쳐 주고, 때로는 아이를 배꼽잡게 웃겨주는 개그감도 발휘하는 거다. 속상한 일은 없었는지, 아픈 곳은 없는지 세심하게 살펴보고 적절하게 치료도 해줘야 한다.

2. 욕심 내려놓기

자녀를 대리만족을 주는 존재로 삼지 말자. 정작 나는 학창시절에 잘못했던 것들을 자녀들은 잘 해낼 거라고 지나치게 기대하지 말아야 한다. 영어유치원을 보낸다고 해서 영어가 능통해지지는 않는다. 완전한 모국어 습득이 더 우선이다.

발레를 시킨다고 해서 당장 키가 크고 유연해지는 것도 아니다. 악기 한두 개쯤은 기본으로 해야 한다는 생각에 관심도 없는 음악 학원에 아이를 밀어 넣지 말자. 아이가 하고 싶다고 할 때 시켜도 늦지 않다. 오히려 본인의 의지가 자발적일 때 더 빠르게, 열과 성의를 다해 습득한다.

자녀에 대한 욕심을 자녀에 대한 관심이라고 착각하고 있지는 않은지, 희생이라는 이름으로 애써 포장하고 있는 건 아닌지 곰곰이 생각해 볼 일이다. 마치 화초를 기르듯, 물건 취급하듯 자기 의사에 맞는 인물을 만들려는 욕심만 있는 건 아닌지 돌아보아야 한다.[2]

아이들을 지휘하려 하지 말고 하나의 고유한 인격체로 존중해야 한다. 지나친 간섭도 금물, 지나친 방관도 아닌 적정선을 지켜야 한다. 무엇을 하든지 처음에만 길을 이끌어 주고 나머지는 자녀가 감당해야 할 몫으로 남겨 두자.

3. 엄마 공부 계속하기

엄마가 되기는 쉽다. 하지만 지혜로운 엄마가 되기는 어렵다. 회사 업무보다 백 배는 어려운 것이 엄마 역할이다. 정답도 없고, 지름길도 없다. 아이마다 성향이 다르고, 집집마다 환경이 다르다. 단호하고 일관성 있는 '뿌리 깊은 나무'처럼 멋진

---

2) 출처 : 방정환(2018), 방정환 말꽃모음, 단비

엄마가 되고 싶지만 현실은 작은 바람에 사정없이 흔들리는 갈대 같은 모습일 때가 더 많다.

아이를 다루는 방법이나 감정 읽어 주기 등 분명히 이론으로는 알고 있지만, 막상 아이가 생떼를 부리는 순간 머리가 하얗게 된다. 말이 안 통하고 고집불통인 아이는 티브이에서만 나오는 이야기인 줄 알았는데 내 자식이 이럴 줄이야! 배신감이 밀려온다.

이런 이유로 엄마들은 계속해서 육아 서적과 강의를 틈틈이 붙들고 있어야 한다. 자녀의 심리, 행동 발달 등을 다양하고도 줄기차게 공부해야 한다. 이렇게 몸부림이라도 쳐야 그나마 조금이라도 나은 엄마로 성장할 수 있는 내공이 생긴다.

나의 경우 아이들과 같이 〈금쪽 같은 내 새끼〉 같은 육아 멘토링 프로그램을 종종 보기도 한다. 화면 속 아이의 모습을 보고 자녀들도 알아서 반성하고, 나 또한 엄마로서 나의 부족함을 깊이 깨닫는다. 상황에 적절한 훈육 방법, 대화 방식 등 전문가의 조언이 큰 도움이 된다. 이렇게 조금씩 이상적인 엄마가 되기 위한 '엄마 공부' 훈련은 매우 중요하다.

4. 자녀가 스스로 할 수 있는 환경을 조성하기

자녀에게 독립심을 길러주어 서로 의존적인 관계를 벗어나자. 기대가 큰 만큼 자꾸 실망하게 되고 내가 자녀의 인생을 조종하려 들게 된다. 자녀는 내 소유가 아니라는 것을 명심하자. 하나의 인격체로 존중해 주어야 한다. 이들이 건강하게 성장하게 하기 위해서는 자녀에게 스스로 하는 법을 가르쳐 주자.

초등학생이 되어 초반 적응 시기가 지나면 등하교도 혼자 하게끔 독립시키는 걸 목표로 하자. 등하교 때마다 꼭 같이 가주고 가방까지 대신 메주는 엄마들을 보면 '나는 모성애가 없는 건가' 싶기도 하다. 그래도 가능하다면 혼자 해낼 수 있도록 격려해 주자.

이 외에도 컵에 물 따라서 마시기, 다 먹은 접시 치우기, 가방 정리하기, 외투 옷장에 걸기, 목욕하기 등등 단계별로 점차 스스로 하게 하고, 분리수거, 신발 정리와 같은 가족을 돕는 활동을 늘려 주어야 한다.

"내 인생은 나의 것, 애 인생은 애의 것"[3]이라는 명언을 마음속에 새겨야 한다. 각자의 자리에서 행복을 누리는 것이 모

---

3) 출처 : 오소희(2019), <엄마의 20년>, 수오서재

두를 위한 길이다.

5. 엄마의 수고를 당연하게 여기지 않도록 인식시키기

식사 시간만 떠올려 보더라도 엄마의 수고는 끝이 없다. 식구들이 편하게 식사할 동안 엄마는 항상 분주하다. 휴지 갖다 달라, 물 가져다 달라, 뜨겁다, 작게 잘라 달라 등등 끊임없는 요구사항이 쏟아진다. 아이들 수발 드느라 일어났다 앉았다를 반복한다. 이 무한 노동은 대체 언제 졸업한단 말인가! 어느 순간 뭔가 잘못되고 있다는 생각이 들었다. 모든 걸 다 도와주는 것이 과연 아이를 위한 일일까?

문제의식을 가진 후로는 상 닦기, 수저 놓기등 식사 전 소소한 집안일 돕기에 자녀들을 동참시키고 있다. '오늘의 도우미'를 정해 사소하지만 꼭 해야 하는 일을 담당하게 한다. 언제나 깨끗하게 세탁된 옷들이 서랍에 가지런히 놓여 있고, 열 맞춘 수건이 착착 수건 장에 쌓여 있는 모습만 접한다면 아이들은 보이지 않는 곳에 엄마의 수고가 있다는 것을 알 수가 없다. 그래서 자녀와 함께 집안일을 하는 것은 생각보다 훨씬 중요하다.

막상 본인들이 해보면 꽤 수고로운 일임을 알게 되고, 그제야 엄마의 노동을 인정해 준다. 좀 삐뚤삐뚤해도 빨래를 직접 개도록 하고, 시간이 오래 걸려도 아이들이 설거지를 해 보는 기회를 주는 거다. 엄마가 자신들을 위해 늘 고생하고 있음을 인정해 주면 나 또한 자존감이 올라간다. 그리고 의외로 아이들은 집안일을 놀이로 생각해 주어 재미를 느끼기도 한다.

누군가의 수고를 당연하게 여기지 않고, 감사하다고 표현하고, 실제로 고마운 마음을 느끼게 하는 일. 아무리 강조해도 지나치지 않을 만큼 꼭 필요한 훈련이다.

자녀가 어릴 때는 나름의 고충이 있었다. 쉼 없이 손이 많이 가서 피곤하고, 에너지가 넘치는 아이를 보며 행여나 이러다 길에서 잃어버리지는 않을까, 다치지는 않을까 노심초사했다. 오직 엄마만 바라보고, 엄마만 찾는 껌딱지들 앞에서 때로는 숨이 조여 오는 것이 답답하고, 억압받는 기분이었다. 시간이 더디게 가는 것 같아 얼른 자라서 제발이지 엄마를 그만 찾는 날이 오기만을 바랐다.

하지만 어느새 아이들은 엄마보다 친구가 더 좋아지는 나이가 되었다. 아이에게 같이 산책이라도 나가자고 하면 귀찮다고 거절할 때도 있어 때로는 당황스럽다. 자녀가 엄마를 찾고, 엄마에게 매달리는 세월은 생각보다 금방 지나간다. 요새 내가 아이들에게 자주 내뱉는 말 중 하나가 "언제 이렇게 훌쩍 커버린 거야? 좀 천천히 자라주면 좋겠는데."라는 말이다.

자녀 곁에서 충분히 사랑을 주고, 같이 시간을 보내기를 바란다. 각자의 자리에서 성장하며 따로 또 같이 기쁨과 행복을 누리다 보면 그렇게 엄마도 아이도 멋지게 성장해 갈 것이다. 서로에 대한 돈독한 믿음과 굳건한 신뢰가 점점 쌓이는 관계가 형성되기를 응원한다.

9. 친정, 시댁, 남편과의 관계를 돌아보자

'네 탓'이 아닌 '내 탓'이라 인정해 본다면

친정이나 시댁과의 관계는 어떠한가? 생각만 해도 머리가 지끈거릴 수도 있고, 반대로 존재만으로도 마음이 편해지는 쪽도 있을 것이다. 양가 중 어느 한쪽에만 치우쳐서 가깝게 지낸다거나, 문화나 환경의 차이를 '다르다'가 아닌 '틀리다'고 판단하고 있는 건 아닌지 고민해 볼 일이다.

대부분의 엄마가 시댁에는 불편함을 느낀다. 당연하지 않은가? 30여 년을 각자 주어진 환경에서 전혀 다르게 살아왔으니 말이다. 친정만 챙기려 하는 태도를 버리고, 시댁을 적대시하는 태도도 버렸으면 한다.

자꾸 남 탓, 상황 탓 하지 말자.
그래 봤자 기분만 상할 뿐이다.
결코 형편이 나아지거나 관계가 개선되지 않는다.
먼저 나의 마음가짐과 태도를 점검하는 것이 우선이다.
그래야만 진짜 고수다.

상대방을 미워해 봤자 나만 손해다.
시부모님과 친정 부모님은 뭐 이런 내가 얼마나 마음에 드실까.
나도 나 자신이 마음에 안 들 때가 부지기수인걸.
이런 엉터리 딸이자, 날라리 며느리를 품어 주시는 것만으로도 감사하게 여겨야 한다.

　나의 경우를 돌아보면, 시댁이나 친정에서 별일 아닌 걸로 서운함이 쌓여 괜한 분노의 감정을 품은 적도 있다. 계속해서 스트레스가 쌓이고 나도 모르게 그 감정을 애꿎은 배우자나 자녀에게까지 고스란히 전달하기도 했다. 심리학에서 말하는 '걷어차인 고양이 효과'인 셈이다. 주인에게 꾸중을 들은 한 기사가 괜한 분풀이를 해서 관리인, 아내, 아들, 고양이에 이르기까지 분풀이를 한다는 우화에서 유래된 것인데 전형적인 부정적 감정의 전염을 보여 주는 사례이다. 이러한 감정 연쇄 현상은 걷잡을 수 없이 증폭된다. 잠깐 멈춰 서서 생각해 보고 그 연결고리를 끊어내야 한다.

　제3자의 입장에서 상황을 객관적으로 바라본다면 이야기가 달라진다. 그제야 나의 가시 돋친 말과 오만한 행동들이 보인다. 도저히 이해할 수 없었던 사건이 조금은 납득되기 시작한다. 서운했던 감정도 점차 누그러진다. 나와 내 남편을 지난 몇십 년간 사력을 다해 키워 주신 고마운 존재 아니던가. 내가 엄마가 되어 보니 그들의 노고를 조금이나마 깨닫게 된다. 그러다 보면 나의 행실을 반성하게 된다.

성경의 마태복음에는 이런 구절이 있다.

"비판을 받지 아니하려거든 비판하지 말라.

어찌하여 형제의 눈 속에 있는 티는 보고

네 눈 속에 있는 들보[1]는 깨닫지 못하느냐."[2]

이처럼 타인을 탓하고 비판하는 일을 멈추라고 말한다. 상대의 작은 허물에는 분노할 게 아니라 자신의 큰 결점을 먼저 자각하라는 것이다. 즉, 자기 자신을 돌아보는 것이 더 우선되어야 함을 지적하고 있다.

남편과의 관계에서도 이러한 법칙을 동일하게 적용해야 한다. 내 입장에서 보면 마음에 드는 게 하나도 없다. 고작해야 일 주일에 한 번 할까 말까 하는 설거지를 한답시고 생색은 있는 대로 내고, 바닥에는 물이 한가득 난리가 난다. 설거지 상태도 불합격이다. 하지만 하루 종일 회사에서 일하며 상사에게 깨지고, 극심한 업무 스트레스를 견딘 남편을 생각하면 한편으로 안쓰러운 마음도 든다. 쉬고 싶었을 텐데, 그래도 설거지라도 돕겠다는 그 착한 마음만 기억해 주자. 뒷정리야 내가 한 번

---

1) 들보 : 크고 두꺼운 목재를 가리킴
2) 출처 : 마태복음 7:1, 3

더 하면 그만인 거고.

나 같은 경우는 내 기준이 명확한 편이다. 그래서 남편에게 지적질을 서슴지 않는다. 어느 날 남편이 내 눈치를 슬금슬금 보며 말했다. "당신은 대화에 짜증이 기본으로 깔려 있는 것 같아." 꽤 충격적이었다. 생각해 보니 별일 아닐 때도 습관적으로 화를 버럭 내고, 짜증 섞인 말투가 기본 장착되어 있었다. 상대방의 잘못 여부를 떠나, 맨날 화내는 모습만 본다면 그 누구라도 배우자가 좋게 보이겠는가?

그래서 그 후로는 최대한 부드럽게 이야기하려 애쓴다. 물론 노력은 하지만 인간의 본성은 쉽게 바뀌지는 않아 여전히 실수할 때가 더 많다. 남편이 나에게 가장 원하는 것은 어쩌면 진심어린 존중 아닐까. 부부 사이일수록 예의를 갖추고 대화하는 것을 훈련해야 한다.

또한 가능하다면 그날의 고마움을 그때그때 표현하는 게 좋다. "아까 청소기 돌려줘서 고마워.", "힘들었을 텐데 나 외출하는 동안 아이들이랑 놀이터에서 재미있게 놀아 줘서 고마워. 덕분에 마음 편히 잘 다녀왔어." 이렇게 서로 세워 주고 격려

하는 사이가 되면 당연히 나도 자녀들도 안정감을 찾는다.

또 하나 오랜 경험을 통해 깨달은 것은, 부부 관계가 동등한 위치이기도 하지만, 한편으로는 남편을 우리 집의 리더로 인정해 줘야 한다는 것이다. 좀 모자란 부분이 있어도 어쨌거나 이 집의 최고 리더로 존중해 주는 것이 좋다. 중요한 의사결정도 맡기고, 주도권을 남편에게 일정 부분은 넘겨 주자. 최선이 아닌 결과가 나타나더라도 원망하지 말고 좀 참아 주며 믿고 신뢰해 주자. 그동안 나는 내가 움켜쥐고 흔들려 했다. 하지만 이제는 가정의 평화를 위해서라도 한 발 물러설 줄 아는 지혜가 생겼다.

또한 독립심 편에서도 다뤘듯이 시댁이고 친정이고 애초에 너무 많은 기대를 하면 안 된다. 각자의 인생이 있고, 각자의 영역이 있다. 각자의 생각이 다름을 존중하자. 내 가정이 우선이다. 주말마다 꼬박꼬박 시댁이나 친정에 가는 것도 생각해 볼 일이다. 꽤 먼 거리임에도 주말마다 부모님의 호출을 받고 한 주가 멀다 하고 달려가는 지인들이 생각보다 많다. 가족끼리 여유 있게 보내야 할 황금 같은 주말에 하루종일 그 시간을 부모님댁에서 견디는 것이 과연 최선의 선택일까? 내 가족들과 내 삶이 행복해지는 게 먼저이다. 일상생활에서 부모님들과 적절한 거리 두기가 필요한 이유이다.

조심스러운 이야기지만, 대부분이 금전적인 관계와 얽혀 있을 때 명확한 갑을 관계가 형성되는 듯하다. 당연히 하나부터 열까지 모든 가족 행사에 참여해야 하고, 부모님의 말씀이 곧 법이 된다. 시댁이고 친정이고 정신없이 휘둘리게 되고 대부분의 의사결정은 어르신들에 의해 전적으로 좌우된다. 이때 소신 있는 태도로 당당한 의사표현이 가능하려면 경제적인 문제가 발목을 잡아서는 안 된다.

물론 하루아침에 금전적인 도움을 청산하기란 쉽지 않을 수도 있다. 하지만 본인의 가계 수입에 맞게 씀씀이를 줄이면 또 얼마든지 가능한 일이기도 하다. 좀 더 쾌적한 집을 포기하는 것처럼 큰 결단을 내려야 할 수도 있을 테고, 쇼핑 줄이기, 사교육비 줄이기처럼 마음만 먹으면 바로 실천할 수 있는 방법도 있다. 어쨌거나 다방면에서 나름대로의 눈물겨운 노력이 필요하다. 빠른 시일 내에 재정적인 도움을 끊고 나와 우리 가족이 주(主)가 되는 평범한 일상을 되찾기를 바란다.

또한 친정과 시댁의 다름을 인정하고 받아들여야 한다. 의사

표현 방식부터 중요시하는 가치 등 우리 양가 부모님은 완전히 다르다. 처음에는 당연히 친정의 문화와 사고방식이 더 우월하다고 생각했다. 시댁에는 뭔가 이질감이 느껴지는 것들이 있었는데 세월이 지나니 한편으로는 시댁의 문화가 더 합리적일 때도 있다. 각자 어떤 것을 중요시 여기는지, 그 포인트를 잘 잡고 그에 맞게 행동해야 쓸데없는 감정 소모와 에너지 낭비를 사전에 막을 수 있다. 애초에 정확하게 목표물을 한 방에 조준해야 하지 않겠는가.

친정의 경우 먹는 일에 매우 진심이다. 대화의 주제로 '밥'이 자주 등장한다. "오늘 뭐 먹었어?", "다음에 장어 먹으러 갈까?" 등등 밥으로 시작해서 밥으로 끝난다. 맛도 맛이지만 원산지도 고려하는 편이고, 주방 소형 가전에도 관심이 많다. 그래서 외식보다는 직접 만들어 먹는 방식을 선호하고 가능하다면 국산, 유기농, 무농약 식재료를 고른다. 친정엄마의 경우 심지어 일반적으로 사 먹는 음식인 바질 페스토, 토마토주스, 아이스크림 등도 직접 만들어 나눠 주실 정도로 살림꾼이다. 이런 환경에서 어설프게 배달음식을 시킨다면, 안 하느니만 못하게 된다.

시댁의 경우는 '관계'를 더 중요하게 여긴다. 그렇기에 무얼 먹느냐는 별 중요한 사항이 아니다. 좋은 재료로 정성껏 밥상을 준비하는 것보다 무얼 먹든 간에 자녀들과 손주들 만나는 것 자체를 더 좋아하신다. 그렇기에 외식이나 배달음식도 전혀 거리낌 없으시다. 며느리로서 참 편한 일이다. 단 외식을 할 경우에는 룸을 선호하셔서 가족 행사가 있는 날에는 룸이 있는 곳으로 예약하면 좋아하신다.

또한 친정의 경우 무슨 일이 발생할 때, 웬만하면 자체 해결하시고 필요 시 최소한의 인원만 모인다. 대중교통으로 우리 집에 오신 경우 집까지 모셔드리겠다고 나서도 시간 낭비, 기름값 낭비라며 유유히 지하철을 타고 가신다. 어지간해서는 도움을 요청하지 않으시고 자체 해결하시는 편이다. 또한 아무리 친정이라도 급습하기보다 미리 연락드리고 방문하는 게 당연한 분위기다. 그래야 집 청소도 해 놓으시고, 김치고 반찬이고 미리 준비해서 바리바리 챙겨 주시기 때문이다. 명절, 어버이날, 생신 같은 가족 행사가 있을 때는 선물은 현금보다 구매하려고 찜해 두신 물건을 사드리곤 한다.

반면 시댁은 어떤 일이 생겼을 때, 온 가족이 다 같이 모이는 분위기다. 평소에 자주 못 보니 이럴 때라도 한자리에 모인다고 생각하면 또 나쁘지 않은 것 같다. 생활 가전은 가능한 최신 기기를 사용하시는데 젊은이 못지않은 얼리어답터의 면모를 보이신다. 평소에도 스마트폰이나 노트북 작동법 같은 것을 자주 물어보시며 자녀들에게 적극적으로 도움을 받기 원하시고, 문제를 해결해 드리면 기뻐하신다. 시댁에 방문할 때는 미리 연락드리는 게 아닌 갑작스레 깜짝 방문을 해도 언제나 반갑게 맞아 주시고 불편한 기색이 전혀 없으시다. 그리고 선물 대신 상품권이나 현금으로 드려도 무방하다. 어린이날 혹은 손주들의 생일에는 오라 가라 안 하시고 쿨하게 계좌이체로 용돈을 쏴주신다.

친정의 분위기는 의사표현에 싫고 좋음이 분명하다. 싫을 때는 싫다고 거절하면 그만이고 그 의견을 존중해 준다. 뒤끝 없이 깔끔하다. 하지만 시댁은 무엇인가에 대한 여부를 여쭤봤을 때 두세 번 정도는 거절하는 것이 일반적이다. 여러 번 여쭤 보고 권해 드려야 비로소 좋다는 의사 표현을 하신다. 처음에는 영 적응이 되지 않았지만, 세월이 지나면서 이제는 양쪽 다 이해할 수 있게 되었다.

이런 환경을 고려한다면, 남편의 행동도 이해가 되기도 한다. 먹는 일에 크게 구애받지 않기에 김밥 한 줄을 사먹거나 컵라면으로 대충 때워도 상관없다. 친정에서 알게 된다면 기겁할 일인데 말이다. 또한 의사를 물어볼 때 일회성으로 칼같이 끝내지 말고 조금 느긋하게 기다리며 고민하거나 결정을 번복할 기회를 주어야 한다. 그래야 뒤탈이 없다.

꼭 내 사고방식이 맞는다고 생각하고 다름을 인정하지 않는다면 내 마음만 골병이 든다. 뭐든 좋게 생각하고 넘어가자. 크게 신경 쓰지도 말고, 지나치게 스트레스 받지도 말자.

또 하나, 무조건 예스맨이 되지는 말자. 내 의견과 완전히 다를 때, 속으로는 부글거리면서 꾹 참고 순종하는 척 행동한다면 이는 과연 누구를 위한 것일까? 어차피 표정에서 다 드러나지 않던가. 부모님께 예의를 갖추면서 가끔씩은 본인의 의견도 전달하는 연습을 해보길 바란다.

처음에는 버릇이 없다며 서운해하실지 모르지만, 그게 서로를 위한 길이다. 나 같은 경우 시부모님께서 이런 당돌한 모습에 처음에는 놀라셨지만, 지금은 며느리가 솔직하게 이야기해주니 이제 오히려 편하다고 하신다.

남편과의 관계에서도 마찬가지이다. 불만사항을 속사포로 이야기해 봤자 소용없다. 일단 진정한 후, 나도 상대방도 제정신이 돌아왔을 때 둘이서 차근차근 대화를 시도하자. 남편이 이미 내 마음을 다 알고 있다고 생각하면 큰 착각이다. 연애와 결혼을 합쳐 18년의 세월을 함께 보냈지만 여전히 아내의 감정에 대한 이해도는 현저히 낮다. 돌려 말하면 절대 못 알아듣는다. 아주 구체적으로 어떤 점이 서운했고, 어떤 점이 나의 생각과 달랐는지, 어떻게 당신의 행동이 개선되면 좋은지를 조곤조곤 말해야 한다. 물론 잠시 감정은 접어두고 최대한 이성적으로 말이다.

또한 이때 중요한 요소 중 하나가 타이밍이다. 상대방이 나의 이야기를 들을 준비가 되어 있을 때 대화를 시도해야 비로소 효과가 극대화 될 수 있다.

둘째 아이가 돌도 안 되었을 무렵의 일이다. 남편과 정말 하루가 멀다 하고 싸우는 날의 연속이었다. 쥐어짜듯 시간을 내서 금쪽 같은 수면시간을 포기하고 새벽에 무려 2~3시간을 할애해서 남편에게 장문의 이메일을 보냈다. 서운했던 점, 내 입장, 어떻게 하면 좋을지에 대한 의견 등을 담아 최대한 자세하고 솔직하게 글을 썼다.

그때 당시에는 당연히 남편이 편지를 통해 현실을 직시하고 반성의 기미가 보일 거라 내심 기대했다. 고생하는 아내를 다정하게 위로해 줄 줄 알았다. 틀어진 관계도 개선될 수 있을 거라 생각했다. 물론 완벽한 착각이었다. 하루 이틀이 지나도 아무런 언급이 없기에 참다못해 "내가 보낸 이메일은 좀 봤어?"라고 대놓고 물어보니 돌아오는 대답은 전혀 예상하지 못한 반응이었다.

"어, 보긴 봤지. 근데 회사에서 정신없어서 무슨 내용인지는 하나도 기억이 안 나네. 네가 글을 너무 길게 썼더라고."

대 실패였다. 배신감은 말할 것도 없었다. 힘들어 죽겠다고 SOS를 보낸 건데 완전히 무시당한 기분까지 들어 분노가 끓어 올랐다. 내가 고작 이런 말을 들으려고 그 아까운 수면 시간을 포기한 거였나 자괴감이 들었다.

하지만 마음을 가라앉히고 냉철하게 생각해 보니, 그럴 만도 했다. 회사에서 분초 단위로 정신없게 업무를 하는 걸 누구보다 잘 알면서도 그 장문의 글을 읽어 주길 바란 내가 어리석은 거였다. 차라리 글을 프린트해서 퇴근 후 여유 있을 시간에 건넸더라면 결과가 달라지지 않았을까 싶다. 이 사건을 통해 내가 하고 싶은 말이 아무리 목구멍까지 차올라도, 최적의 시간을 찾아 상대방도 마음의 여유가 있을 때 화두를 던져야 함을 깨달았다.

그 후로는 내 귀중한 시간을 승산 없는 일에 낭비하지 않는다. 꼭 해야 할 말이 생기면, 정상적인 대화가 가능한 시간에 요점만 정리해서 5분 이내로 간결하게 말해 준다.

문제 해결을 위해 방법을 모색해 보고 의논해야 할 경우 타이밍을 잘 고려해야 함을 잊지 말자. 때로는 협상을 위해 한발 물러설 줄도 알아야 하고, 잠시 자존심은 접어두고 먼저 꼬리를 내려야 하는 순간도 있음을 명심해야 한다.

마지막으로 남편을 통해서 시댁과 약속을 잡거나 정보를 전달하는 것은 금물이다. 전달 사항에서 빠뜨리는 내용도 있기 마련이고, 의견 조율이 잘 되지 않는다. 중간에서 오해만 불러일으키는 것은 기본이고, 다수의 부작용이 발생한다. 그렇기 때문에 조금 불편해도 직접 연락드리는 게 백 번 낫다. 제삼자를 끌어들이지 말고, 당사자끼리 직접 소통하는 것이 명확하고 깔끔하다.

친정이고 시댁이고 남편이고 불편한 관계를 하루빨리 청산하고 존중하는 마음을 의식적으로 키워야 한다. 내가 양가 부모님께 하는 모습을 보고 자녀들도 그대로 보고 배운다. 이 생각을 하면 정신이 번쩍 든다. 건강하실 때, 그리고 곁에 계실 때 마음을 다해 잘 섬겨야 한다. 양가 부모님에게 똑같이 잘 대하는 한결같은 태도가 필요하다.

배우자에게 가장 고마움을 느낄 때가 바로 자신의 부모에게 잘하는 모습을 볼 때 아니던가. 당장 해외여행을 보내 드릴 여력은 안 되더라도, 종종 안부 전화도 드리고 주말에 가끔씩은 찾아뵙는 정도는 실천할 수 있지 않을까?

내친김에 조금 더 난이도를 올려서, 주말에 함께 인근 공원에 돗자리 하나 들고 놀러 가서 손주들의 재롱을 실컷 보여 드리며 웃음을 선사해 드리는 것도 한 방법이지 않을까 싶다. 두런두런 편하게 이야기를 나누다 보면 아마도 '효도가 별거 있나, 행복은 가까이에 있는 거지 뭐.'라는 마음이 들 것이다.

10. 나 혼자만의 시간을 목숨 걸고 확보하자

나 자신은 물론, 가족을 위해서도 필수적인 시간

엄마에게는 절대적으로 필요한 것이 있다. 바로 재충전이 되는 시간, 이른바 '나만의 시간'이다. 이것은 선택이 아니라 필수이다. 워킹맘의 경우 더욱 필수이다. 아이들이 어려도, 해야 할 집안일이 잔뜩이라 도무지 엄두가 안 난다고 해도 이런 시간을 꼭 확보해야 한다. 이기적인 것 같지만 절대 그렇지 않다. 당당하게 누려야 한다.

엄마의 행복이 절대적으로 우선이다. 아이를 잠시 맡기고 자신만의 시간을 가져야 한다. 이때 당연히 죄책감은 가질 필요 없다. 엄마가 행복해야 아이도 행복하다. 까짓것 아이에게 한 끼 정도는 대충 먹여도, 집이 어질러져 있어도 괜찮다.[1]

혼자 누리는 시간은 자녀와 배우자를 위해서도 매우 중요하다. 잠시나마 현실에서 벗어나 충전되고 온 엄마의 모습은 평소보다 더 밝고 생기가 넘친다. 애들이 똑같이 사고를 쳐도 너그럽게 받아 줄 마음의 여유가 생긴다. 이런 엄마를 대하는 가족들도 이전보다 훨씬 행복하지 않을까? 쉼을 누리고 나면 팍팍한 육아도, 끝이 없는 살림도 너끈히 감당할 힘이 생긴다.

---

1) 출처 : 「"엄마라서 당연한 건 없어… 힘들 땐 죄책감 내려놓고 쉬어라"」, 서울신문, 2021.07.28.

    내가 보내는 '나 혼자 타임'은 그래봤자 일주일에 2~3번, 최대 1시간 남짓이 전부이다. 그것도 집 근처에서 걷거나 자전거를 타는 등 홀로 운동하고 올 때가 대부분이다. 친구를 만나거나 문화생활을 즐기는 건 지금까지 손에 꼽을 정도로 몇 번 되지 않는다. 마음 같아서는 더 긴 시간 동안 우아하게 외출하고 싶지만 "엄마가 보고 싶다.", "도대체 언제 오냐?"며 전화와 문자로 테러하는 아이들 덕분에 아직은 불가능하다.

    주변에 또래 엄마들을 보면 남편에게 아이들을 맡기고 1박 2일 홀로 여행도 다녀오고, 뮤지컬 공연도 보고 오기도 하지만 나에게는 아직 먼 미래의 이야기다. 솔직히 부럽기도 하지만, 그냥 내 팔자려니 하면서 욕심을 내지 않기로 했다. 우리 집 아이들이 엄마 애착이 좀 다른 아이들보다 오래 가는가 보다 하며 마음을 비워 본다. 금세 내 품을 떠날 텐데, 평생 언제 또 이렇게 많은 인기를 누려 보겠나 싶은 생각에 피식 웃음이 난다. 이게 바로 각자의 형편에 따라 '나 혼자 타임'을 운영해야 하는 이유이기도 하다.

아이마다 성격도 다르고, 체감하는 불안감도 각각 다르다. 어린 나이에도 엄마랑 뚝 떨어져 반나절도 거뜬히 잘 지내는 아이도 있고, 초등학생이 돼서도 엄마랑 떨어져 지내는 것을 유독 힘들어하는 아이도 있다. 당연히 우리 집은 후자에 속한다. 아무튼 여러 번의 시행착오를 거쳐 그래도 서로 기분 좋게 헤어질 수 있는 최대 허용 범위를 찾았다. 결론적으로, 마음의 여유를 가지고 최적의 '나 혼자 타임'을 찾아가길 바란다. 비록 짧은 시간이라도 말이다.

아무리 설명을 한들 그래도 '나 혼자 타임'을 선언하기에 선뜻 용기가 나지 않고 여전히 망설여진다면?

이런 엄마들을 위한 명쾌한 Q&A의 시간

Q. "남편이 과연 흔쾌히 독박 육아를 맡아 줄까요?"

A. 처음에는 그다지 내켜 하지 않을 수도 있다. 아내 없이 혼자 아이를 돌보는 일을 꽤 두려워하는 아빠들도 많다. 하지만 아이와 아빠와 단 둘이 보내는 시간의 묘미를 한두 번 겪어 보면, 그 후로는 남편도 기꺼이 받아들일 것이다. 서로 간의 신뢰와 추억이 쌓이면서 "엄마한테는 비밀로 하자.", "우리만 아는 그 이야기, 알지?"라며 자기들끼리 쑥덕거리며 키득거린다. 절로 엄마 미소가 지어진다. 나의 경우 한껏 까칠해져 있다가 '나 혼자 타임'을 보내고 난 후 한결 부드러워지는 것 같다며 이제는 남편이 든든하게 지원해 준다. 기꺼이 나갔다 오라며 흔쾌히 아이들을 맡아 준다. 남편에게 아이들을 맡기는 일은 첫 시작이 어렵지, 일단 시작해 보면 별 일 아니다.

Q. "그래도 가족 다 같이 보내는 시간이 낫지 않을까요?"

A. 가족과 같이 보내는 시간도, 혼자 보내는 시간도 각각 있어야 한다. 때로는 다 함께 추억을 공유하고 같이 시간을 보내도 좋지만 항상 그럴 필요는 없다. 그렇다고 과도하게 '나 혼자 타임' 찬스를 남용하면 안 되겠지만. 당연히 가족 단위로 보내

는 시간이 우선이고, 그 사이사이에 내가 숨 쉴 시간을 만드는 거다. 균형을 잘 유지하는 것이 관건이다. 걷기 운동을 한다고 가정했을 때, 아이들과 함께 나가면 계속 뒤치다꺼리하느라 정신이 없다. 목마르다, 물 달라, 아이스크림이 먹고 싶다, 쉬 마렵다, 다리 아프다 등 쉴 새 없이 요구사항이 쏟아진다. 아이들끼리 다투기라도 하면 중재에 나서야 한다. 혹시 아이들이 다치기라도 하면 뒷수습도 내 몫이고, 울거나 짜증 내는 아이도 달래 줘야 한다. 이렇듯 아이들과 함께할 때는 늘 다양한 변수가 생긴다. 결론적으로 온 가족이 함께 나가 운동도 아닌, 산책도 아닌 애매한 형태로 한 시간을 어영부영 보내는 것보다 짧은 20~30분이라도 홀로 음악을 듣거나, 이런저런 생각을 하며 바짝 걷고 오는 게 훨씬 효율적이다.

Q. "아직 아이가 어려서 엄마 애착 때문에 분리가 불가능해요."

A. 이럴 경우 두 가지 방법이 있다. 첫 번째는, 아이가 자는 시간을 활용하는 것. 낮잠 시간이 긴 영유아라면 이 시간을 활용하면 된다. 혹은 아침에 가족들보다 한두 시간 일찍 일어나서 시간을 활용하는 것이다. 물론 잠으로 사투하는 영유아 시기에는 엄마도 늘 피곤하니 애가 잘 때 같이 자는 게 훨씬 이득일 때도 있다. 자녀 상황에 맞게 시행 시기나 방법

을 유연하게 선택하면 된다.

만약 아이가 잠에서 깼을 때 아무리 아빠가 있다 한들 엄마의 부재에 불안을 느끼는 경우라면 바깥 외출보다 집에서 할 수 있는 활동을 선택해야 한다. 억울하다고? 어쩔 수 없다. 그토록 엄마 껌딱지 같은 녀석도 곧 엄마의 그림자도 안 찾는 날이 곧 온다. 조급함은 금물이다. 아이마다 속도가 다르니 기다려 줘야 한다. '창살 없는 감옥' 같은 기분은 본인도 겪어 봐서 너무 잘 안다. 그래도 아이가 방해하지 않는 평화로운 상태에서 차라도 한 잔 천천히 마시고, 책이라도 읽다 보면 스트레스가 저만치 달아난다. 집 밖으로 뛰쳐나가고 싶어 답답하겠지만 아이가 어린 시절에는 눈 딱 감고 잠시만 버텨 내기를.

두 번째는, 따로 또 같이 시간을 보내는 것. 일단 다 같이 외출을 한 후, 한참 신이 나거나 안정적으로 놀고 있을 때 잠시만 떨어졌다가 다시 돌아오는 방법이다. "아빠랑 재미있게 잘 놀 수 있지? 엄마 여기 근처에 갔다가 딱 30분 후에 올게!"라고 말하고 근처 카페라도 잠시 다녀오든가, 잠시 '혼자 산책'을 즐기면 된다. 특히 박물관이나 미술관 같은 경우 야외에서 안전하게 놀 수 있는 공간도 많고, 시설 내에 분위기 좋은 카페는 대부분 쉽게 찾을 수 있다. 아이가 기분 좋을 때 슬쩍 빠져서 차 한 잔 마시고 올 정도의 여유는 확보할 수 있을 것이다.

꼭 특별한 외출이 아니더라도 상관없다. 동네 놀이터에서 같이 놀다가 "엄마가 편의점 가서 아이스크림 사 올게, 그때까지만 잠깐 아빠랑 오빠랑 놀고 있을까?" 하고 떨어지는 연습을 시작하는 것이다. 물론 적절한 보상도 해야 한다. 아이는 좋아하는 간식이 먹고 싶어서라도 엄마와의 잠깐의 이별을 허용해 줄 것이다. 이 방법이 통한다면 시간을 조금씩 늘린다. 그러다 보면 '나 혼자 타임'을 성공적으로 안착시킬 수 있다.

Q. "혼자 무얼 해야 할지 모르겠어요."

A. 맞다. 100% 공감한다. 아마 대부분의 엄마들의 공통된 반응일 것이다. 대부분 아이들과 붙어 있다 보니 막상 자유 시간이 주어지면 뭘 해야 할지를 모른다. 나를 위해 돈 쓰는 것이 아까워서 무얼 사는 것도, 먹는 것도 결국은 주저하게 된다. 어렵게 생각하지 말고 평소 하고 싶었던 것을 생각날 때마다 하나씩 메모해 두면 된다. 큰 금액이 아니더라도 일정한 활동비를 나를 위해 기꺼이 투자하는 연습을 해보는 거다. 서점에 가서 읽고 싶었던 책 한 권 사기, 카페에서 노트북으로 글쓰기,

맛있는 떡볶이 먹고 오기, 인근 유명한 빵집 투어하기 등등. 하나둘씩 야금야금 버킷리스트를 실행하다 보면 나만의 비밀이 생긴 것 같은 마음에 생각만으로도 흐뭇해진다.

Q. "나 혼자 타임을 언제, 어떻게 보내면 좋을까요?"

A. 남편이 쉬는 주말이 가장 만만하다. 가능하다면 일정 시간을 정해서 주기적으로 실천해도 좋다. '매주 토요일 오전' 이런 식으로 말이다. 각자 상황에 따라 30분, 1시간이 될 수도 있고 2~3시간이 될 수도 있을 것이다. 자녀들과 배우자가 부담스럽지 않고 감당할 만한 수준에서 시간을 정하면 된다. 평일의 경우, 엄마가 조금 부지런을 떨면 가능하다. 나의 경우 주 2~3회 정도는 저녁 운동시간 확보를 위해 대부분의 집안일과 아이들 숙제 등을 서둘러 끝내 놓고, 저녁에 식사를 마친 후 남편에게 바통 터치 후 쏜살같이 튀어 나간다. 나도 '운동하러 얼른 나가야 한다.'라는 목표가 있으니 시간을 효율적으로 쓰게 되고, 남편도 아이들과 온전히 같이 시간을 보내며 셋의 사이가 더 끈끈해지기도 한다.

꼭 엄마가 집을 나가지 않아도 된다. 가족들을 내보내고 본인이 집에 머물러도 좋다. 단, 나를 위한 취미활동을 하기보다 자꾸 집안일을 하게 됨은 주의해야 할 것이다. 때에 따라서는 소중한 '나 혼자 타임'을 부득이 가족을 위해 사용해야 할 때도 있긴 하다. 계절별 옷 정리, 이불 정리 등 말이다. 때로는 아이들 없이 혼자 집중해서 재빨리 끝내는 것이 훨씬 낫기 때문이다.

Q. "그래도 아이들이 걱정되고 불안해요."

A. 그런 걱정일랑 접어두길 바란다. 의외로 남편과 아이들은 잘 지낸다. 경험상 남편의 부성애는 후천적으로 더 강해진다. 주차하기, 길 찾기, 온몸으로 놀아주기 등 때로는 엄마보다 아빠가 훨씬 잘하는 것이 많다. 킥보드나 공 하나만 갖고 나가도 아빠랑 실컷 재미있게 놀다 온다.

단, 아빠에게 아이를 맡길 경우 최소한 먹는 것에는 일탈을 허용해 주자. 일정 금액 이내에서는 간식 찬스를 쓸 수 있게 해주고, 짜장면을 시켜 먹든, 라면을 끓여 먹든 이날 만큼은 자유를 주는 거다. 단, 툭하면 시댁에 가는 것만 부디 피해주면 만사 오케이. 아빠도 육아 독립심을 키우려면 자꾸 부모님에게 의존하는 습관은 고치고, 혼자 오롯이 아이들을 감당하는 훈련이 필요하다. 그래야 곧 적응하고 육아 노하우도 쌓인다. 아들이라면 엄마랑 절대 할 수 없는 일인 '같이 목욕탕

가기' 찬스를 쓰는 것도 방법이다.

또한 적절한 보상으로 아이에게 고마움을 표시하자. 좋아하는 놀잇감(슬라임, 색종이 등), 간식(풍선껌, 초콜릿 등)을 준비해서 아이에게 선물하는 것이다. 엄마를 잘 기다렸더니, 선물이 주어진다는 것을 알게 되면 아이도 '엄마만의 시간'을 적극 지지해 줄 수 있는 든든한 지원군이 되어줄 것이다.

나의 경우, 나 혼자 타임의 가장 큰 걸림돌은 여덟 살인 둘째이다. 엄마랑 떨어지는 걸 여전히 힘들어한다. 처음에 적응 훈련으로 남편과 아이들 셋을 놀이터에 보내고 즐겁게 놀고 있는 동안 나는 근처를 빠른 걸음으로 걷다가 놀이터로 다시 돌아왔었다. 이를 반복하다 보니 그래도 조금씩은 엄마가 없어도 안심이 되는지 그럭저럭 견뎌주기 시작했다.

한 단계 더 나아가서 이제는 집에 남편과 아이들을 놓고 혼자 나가기를 시도했다. "엄마가 건강해야 더 잘 놀아줄 수 있잖아. 딱 30분만 걷고 올게." 울먹거리는 아이를 이렇게 설득해 가며 운동을 이어 나갔다. 처음에는 남편이 달래고 달래 보아도 울음이 그치지 않아 대성통곡하며 "엄마가 너무 보고 싶어."라는 아이의 영상통화를 받은 적이 한두 번이 아니다. 마음이 많이 흔들렸다. '내가 나쁜 엄마인가?', '꼭 이렇게까지 해야 하는가.'라는 생각에 마음이 영 불편했다. 하지만 그래도 포기하지 않았다. 나 혼자 시간을 보내야 나를 돌아볼 수 있고, 나다운 모습으로 다시 회복될 수 있어서다.

나만의 시간을 보내고 돌아온 후에는 항상 엄마를 씩씩하게 기다려줘서 고맙다고 마음을 표현하고, 대견하다며 다독여줬다. 초기에는 엄마랑 떨어져 있는 동안은 좋아하는 만화 한 편을 보는 걸로 타협점을 찾았다. 이제는 만화 찬스 없이도 잘 있어 준다. 비록 입은 삐쭉거리긴 하지만, 그래도 그 시간을 잘 버텨줘서 참 대견하다.

또한 우리 아이들은 초등학생임에도 여전히 새벽에 자주 깬다. 엄마의 부재를 자고 있는 동안에도 본능적으로 감지하고 불안감을 느끼나 보다. 특히 아침에는 아이들보다 먼저 일어나 거실이나 주방으로 나와 있으면 정확히 30분도 안 되어 밖으로 튀어나온다. 참 예민한 녀석들이다. 그래서 아이들을 재워 놓고 밤에 외출을 한다거나, 아침에 일찍 일어나 동네 산책이라도 하는 일은 꿈도 꿀 수 없었다. 아무리 새벽에 눈이 번쩍 떠진다 한들, 남편이 집에 있다 한들, 아이들의 숙면을 위해 그냥 멍하니 같이 누워 있는 날이 대부분이었다.

불과 한두 달 전까지만 해도 불가능한 일이었지만 또 금세 아이들이 자랐는지 요새는 조금 달라졌다. 일찍 잠에서 깨더라도 식탁 위에 '엄마 아침 운동하러 나갔다 올게. 7시까지는 돌아올 거야.'라는 메모를 남기고 가면 상황을 이해해 준다. 물론 남편이 아직 출근 전이거나 재택근무로 집에 있을 때 가능한 일이긴 하다. 아이들이 깰까 봐, 불안해할까 봐 걱정하며 지낸 날들이 드디어 끝이 보인다. 아이들이 커갈수록 '나 혼자 타임'을 누릴 수 있는 여건이 점점 나아지고 있다.

자녀의 특성에 따라, 남편의 특성에 따라 집집마다 '나 혼자 타임'을 누리는 방식은 다양하다. 처음부터 포기하거나 겁먹지 말고 몇 차례의 시행착오를 거쳐 최적의 방식을 택하면 된다.

상황이 어찌 되었든 간에 이 시간을 절대 사수하기를! 엄마로서 누리는 당당한 권리로 생각하고 힐링 타임을 마음 편히 제대로 누렸으면 한다. 자녀들과 남편으로부터 벗어나 단독으로 누리는 쉼은, 비록 짧은 시간일지언정 엄마에게는 필수적이다.

4장

비로소 진짜 어른

나를 믿고 기다려 주는 연습,
엄마가 되어가는 과정

헛된 경험이 아닌, 기회의 시간

효율적이지 못한 것을 병적으로 싫어하고, 소모적인 것을 참지 못하는 나에게 기나긴 슬럼프를 극복해 내기란 참 쉽지 않았다. 온몸을 휘감고 있는 우울감과 무기력감에서 빠져나오지 못하고 그 속에서 매몰돼가고 있을 때 그대로 인생이 끝난 것 같았다. 도저히 이 상태가 호전될 기미가 안 보여 답답하기만 했다. 하지만 폭풍 같은 이 시기를 지나고 나니 이제야 왜 그랬는지 알 것 같다.

조금 더 여유를 가져 볼걸.
나 자신을 있는 모습 그대로 받아 줄걸.
조금 느긋하게 기다려 줄걸.

뭐가 그리 급하다고 나 자신을 원망하고 자책하기 바빴을까.
빨리 훌훌 털고, 아무렇지도 않게
다시 일상으로 돌아가기만 기다렸을까.

남들보다 빠르게, 쉽게 슬럼프를 이겨내는
지름길만 찾기에 급급했을까.
그저 우울했던 지난 기억을 깡그리 지우고 싶다는 생각만 했을까.

지금 생각해 보면, 조금씩 균형을 잃었던 내 인생의 전반을 돌아보는 두 번 다시 없는 소중한 시간이었다. 시련을 통해 더욱 단단해지고, 내면은 전보다 훨씬 강해졌다.

앞으로도 살아가면서 분명 크고 작은 어려움을 마주할 것이다. 하지만 좌절은 잠시뿐, 언젠가는 다시 회복될 것이고, 나다운 모습으로 돌아올 수 있다는 나에 대한 야무진 믿음이 생겼다.

비로소 어른이 되어가는 것 같다. 이렇게 조금씩 엄마로 완성되어 가는 것 같다. 이제는 마음이 많이 너그러워졌다. 나를 아끼고, 사랑하고, 용납하고, 기다려 줄 수 있는 사람이 된 것 같다.

봄, 여름, 가을, 겨울 사계절의 아름다움을 만끽할 줄 알게 되었다. 아침이면 새 아침을 주심에 감사하게 되고, 저녁이면 붉게 물든 예쁜 하늘을 보고 감탄한다.

풀벌레 우는 소리, 바람에 흔들리는 나뭇잎 소리 등 자연의 소리에 귀 기울이며 자연을 예찬한다. 자연을 보고, 체험하고, 느끼는 감정이 날마다 새롭다. 내가 살아 있음을 느낀다.

아이들이 커가는 모습에 그저 감사하다. 구김살 없이 밝게 자라주는 사랑스러운 아이들에게 참 고맙다. 그리고 어느새 점점 말이 통하고, 같이 취미를 공유할 수 있는 것이 신기하다.

엄마를 걱정하고 아껴주는 모습에 감동한다. 그렇게 엄마만 찾고 엄마만 따라 하던 아이들도, 점점 생각이 자라고, 의견이 생기고, 자신만의 취향도 생겨간다. 나도 아이들도 조금씩 자라고 있다.

돌아보니, 나도 아이들도 점점 자신의 삶을 꾸려가고 독립할 준비를 하는 과정이었던 것 같다. '이렇게 나도 엄마가 되어 가는구나.' 싶다.

감정이 롤러코스터를 탄 것처럼 오락가락하고, 무기력감과 우울감에 빠져서 힘겹게 하루하루를 보냈던 지난날들을 어느새 "그땐 그랬지." 하며 추억하게 된다. 오히려 "인생이 착착 계획대로 흘러가면 그게 무슨 재미겠어."라고 생각될 정도로 마음의 여유도 생겼다.

강렬하게 내리쬐는 햇빛이 숨통을 조여 오는 한여름의 무더위도, 버티고 버티다 보면 끝이 보인다. 참 신기하게도 입추가 지나면 아침저녁으로 찬바람이 불어온다. 끝나지 않을 것 같던 더위가 한풀 꺾인다.

때가 되면 긴 여름이 지나가고 결국 반가운 가을이 찾아오듯이 우리의 삶도 별반 다를 게 없다. 죽을 만큼 힘든 순간도 버티다 보면 언젠가는 좋은 날이 찾아오기 마련이다. 견뎌 내는 시간이 당시에는 숨이 턱턱 막힐 정도로 혹독하게만 느껴지지만 다 지나고 나서 돌아보면 어느 것 하나 헛된 경험은 없다.

얼마 전의 일이다.
"여보, 나 저기 쌀국수 한번 먹어 보고 싶어서 지도에 체크해 놨어. 참, 이 근처에 가이센동(덮밥) 맛집이 있다는데 우리 결혼

기념일에 한 번 같이 가 볼래?"라며 조잘거렸더니 남편은 웃음을 지으며 이렇게 말했다. "이렇게 말하는 걸 보니 드디어 원래 한고운으로 돌아온 거 맞네. 확실히 이제 당신이 살아나긴 했나 봐."

그제야 나도 조금씩 모든 게 제자리를 찾아가고 있음을 실감했다. 여전히 정신없이 두 아이를 키우며 짬짬이 글을 쓰고, 교회에서 크고 작은 모임을 이어 가느라 시간에 쫓기며 살지만 이런 적당한 긴장감이 기분 좋게 느껴진다. 이제야 내가 회복되었음을 느낀다.

영국의 정치가 윈스턴 처칠은,
"비관주의자는 모든 기회에서 어려움을 보고
낙관주의자는 모든 위기에서 기회를 본다."라고 했다.

그토록 나를 힘겹게 했던 긴 슬럼프가 당시에는 아무 쓸모없다고 생각했다. 우울한 감정이 요동칠 때는 왜 내 인생에 딴지를 거는 건지 분노하기만 했다. 하지만 이런 경험 덕분에 진지하게 나를 돌아볼 수 있게 되었다. 또한 나와 내 가족의 문제 해결에만 급급했던 근시안적 시야에서 벗어나 다른 사람의 아픔을 공감할 줄 알게 되었다. 조금씩 남을 배려하면서 이기적이던 내가 서서히 변해 가고 있다.

'위기는 기회'라더니 정말 사실이었다. 심리적 방황을 겪음으로 인생 전반을 정비하는 계기가 되었기 때문이다. 이보 전진을 위한 일보 후퇴였다고나 할까. 모든 게 바닥을 찍었던 경험 덕분에 오랜 세월 간절히 바라던 '작가'라는 꿈도 이룰 수 있게 되었으니 그야말로 전화위복인 셈이다. 이제 와서 생각해 보니 돈 주고도 못 사는 값진 경험을 한 '기회의 시간'이었다. 모든 게 은혜이고, 감사할 뿐이다.

현재의 나를 둘러싸고 있는 상황이 아무리 어려울지라도 시련을 통해 진짜 나를 발견하고 더욱 발전시키는 기회가 되기를 바란다. 그리고 그동안 아이들 키우느라 잠시 잊고 지냈던 내 이름 세 글자, 나의 꿈, 나의 취향을 되살리는 기회로 삼아 자존감을 온전히 회복했으면 좋겠다.

여전히 지금도 어딘가에서 힘겨운 나날을 보내며 마음고생을 하는 엄마들이, 하루 빨리 일상을 회복하고 평점심을 찾기를 진심으로 바라고 응원한다.

감사의 말

'이 책이 과연 사람의 인생을,
그리고 세상을 변화시킬 수 있을까?'

라고 질문을 던져보았을 때, 영 자신이 없었다. 그저 한없이
초라해지는 기분만 들었다. 괜히 일을 벌인 건가 싶어 후회가
되기도 했다. 심리학을 전공한 것도 아니고, 관련 분야 전문가
는 더더욱 아닌, 어느 하나 내세울 것 없는 평범한 사람이기 때
문이다.

당시 1년이 훌쩍 넘게 지속된 긴 슬럼프를 주변에서는 알아
채지 못했지만, 나 자신에게는 너무나 고달픈 시간이었다. 몸
도 마음도 피폐해지고 만신창이가 된 상태가 도저히 끝나질 않

아 자괴감이 들고 괴로웠다. '나만 이런 건가' 싶은 생각에 자책감이 들었다.

부정적인 감정은 점점 쌓여만 갔고 어디론가 도망쳐서 숨고 싶었다. 하지만 나만 바라보는 자녀들과 챙겨줘야 할 남편이 있었기에 그럴 수는 없었다. 엉망이 돼버린 일상에 변화가 절실했다. 마음가짐을 달리 하는 것을 시작으로, 몸을 움직이고 생활 습관을 바꿔 나갔다. 그리고 주변 사람들과의 관계를 되돌아보며 문제점을 파악하고 개선해 나갔다. 신기하게도 서서히 모든 게 원위치를 찾았다. 이런 무기력한 나날도 결국에는 끝이 있었다.

일상을 회복하고 난 후 주변을 둘러보니 생각보다 꽤 많은 엄마들이 나처럼 딱히 원인 모를 우울감과 무기력감을 겪고 있었다. 특히 코로나19 사태가 심화되면서 마음의 어려움을 앓는 엄마들이 더욱 많아졌음을 알게 되었다. 도대체 왜 엄마들의 마음이 이토록 힘든 건지 함께 고민해 보고 답을 찾아보고 싶었다. 비록 소수의 독자라도 이 글을 통해 지금의 슬럼프를 극복해 낼 힘을 조금이나마 얻을 수 있다면 그것만으로 충분히 가치가 있다는 생각에 용기를 냈다.

가장 먼저 한없이 서투른 신입 작가에게 출간 기회를 준 강한별 출판사에 온 마음 다해 큰 절을 올리고 싶다. 같은 엄마 입장에서 격하게 공감해 주고, 폭풍 칭찬과 예리한 조언을 아끼지 않았던 서가인 실장님에게도 무한 감사를 보낸다.

출간을 앞두고 원고 수정 작업을 거치면서 이게 보통 일이 아님을 깨달았다. 짧은 시간 안에 폭발적인 집중력을 발휘해서 호기롭게 글을 쓰던 초반의 의기양양한 모습은 온데간데없이 사라지고 내용을 보강하고, 글을 다듬는 단계를 거듭할수록 한계에 부딪쳤다. 중도에 포기해야 하나 수 차례 고민했지만 주변의 많은 이들의 격려 덕분에 힘을 내어 끝까지 마무리할 수 있었다.

언제나 한결같이 응원해 주고, 믿어 주고, 기도해 주던 사랑하는 가족들과 육아 동지들에게 고마움을 전한다. "이제 서점에 가면 엄마 책을 볼 수 있는 거야? 그게 도대체 언제인데?"라며 내내 압박을 가해 준 사랑하는 다호와 단비에게도 고맙다. 막바지 원고 작업할 때 주말 내내 독박육아를 흔쾌히 맡아 준 남편에게도 고맙다. 아참, 일러스트 그려준 것도.

출산 못지않을 정도로 인고의 세월을 필요로 하는 고된 작업이었지만 분명 보람되고 의미 있는 시간이었다. 선한 영향력을 끼치는 사람이 되기를 소망하며 늘 겸손한 자세로 살아야겠다고 다짐해 본다.

엄마는 혼자 있고 싶다

초판 1쇄 인쇄 2021년 12월 21일
초판 1쇄 발행 2021년 12월 27일

지은이 한고운
펴낸이 김동혁
펴낸곳 강한별 출판사

책임편집 김지혜 **디자인** 방하림
일러스트 이제훈 **기획팀** 서가인

출판등록 2019년 8월 19일 제406-2019-000089호
주소 경기도 파주시 탄현면 헤이리마을길 21-7, 3층
대표전화 010-7566-1768 **팩스** 031-8048-4817
이메일 good1768@naver.com

ISBN 979-11-974725-9-6 (03000)
· 책 값은 뒤표지에 있습니다.
· 파본 도서는 구입하신 서점에서 교환해 드립니다.
· 이 책의 일부 또는 전부를 재사용하려면
  반드시 강한별 출판사의 동의를 얻어야 합니다.